Thomas Ahbe

Ostdeutschland und die Ostdeutschen als Erzählung

Identitätsstiftende Narrative im Widerstreit

Inhaltsverzeichnis

Einleitung

Was hat man über Ostdeutschland und *die Ostdeutschen* erzählt und was wird man noch erzählen? Wie wurden im vereinigten Deutschland die DDR, die fünf neuen Bundesländer und jene Menschen, die vor und nach 1990 dort lebten, gedeutet? Wer sind die Erzähler und woher stammen ihre Narrative, also ihre übergreifenden Erklärungsmuster?

Soziologisch gesehen ist es problematisch von *den Ostdeutschen* zu sprechen, denn ihre Lebenslagen haben sich nach dem Beitritt zur Bundesrepublik stark differenziert. Auf der Ebene der Identifikation zeigt die Forschung allerdings, dass es *die Ostdeutschen* gibt. Sie teilen besondere Erfahrungen und schreiben sich ein ähnliches Schicksal zu. Zudem definieren sich ein Fünftel der Kinder und Enkel der einstigen Menschen aus der DDR ebenfalls eher als ostdeutsch denn als deutsch. Die Erzählungen über die Ostdeutschen haben heute also durchaus Adressaten und Relevanz.

Die nach 1990 vorherrschenden Erzählungen über Ostdeutschland stehen in engem Zusammenhang mit dem gesellschaftlichen Selbstverständnis, das in der alten Bundesrepublik und in der DDR von 1949 bis 1990 bestand. Die gegensätzlichen Selbsterzählungen aus der Zeit der Zweistaatlichkeit bilden auch im vereinigten Deutschland noch eine Reibungsfläche. Es sind die Konzepte des Totalitarismus und des Antifaschismus. Nach 1945 nahmen sie beide für sich in Anspruch, die Zeit des Nationalsozialismus historisch zu beschreiben und einzuordnen. Sie taten das nahezu spiegelverkehrt. Beide Konzepte blendeten jeweils verschiedene Teile der nationalsozialistischen Vorgeschichte aus und wiesen damit auch deutsche Schuld und Verantwortung am NS-Unrecht zurück. Zudem stellten beide Erzählungen das jeweils andere Deutschland in eine direkte Linie mit dem »Dritten Reich« und schrieben dem eigenen Land zu, die einzig richtigen Konsequenzen aus der nationalsozialistischen Vorgeschichte gezogen zu haben.

Westdeutschland nach 1949: Schrittweise Selbstverortung durch das Totalitarismus-Konzept

Das Selbstverständnis der frühen Bundesrepublik war zunächst diffus. »Die Jahre 1914, 1918, 1933, 1939 und 1945 scheinen«, so ein Zeitungskommentar aus dem Jahr 1952, »wie riesige Wellenberge auf dem dunklen Meer des deutschen Schicksals.« (zit. nach Wolfrum 1999, 56). Die Bundesrepublik verstand sich als Provisorium, das einer ungewissen Wiedervereinigungsperspektive entgegensah und dessen Grundgesetz einer Übergangszeit eine neue Ordnung zu geben hatte.

In ihrer symbolischen Selbstinszenierung blieb das politische Bonn sparsam. Zu ihrem einzigen Staatsfeiertag kam die Bundesrepublik durch den ostdeutschen Arbeiteraufstand am 17. Juni 1953 in der DDR. Schon gut 14 Tage später, nämlich am 3. Juli 1953, beschloss der Deutsche Bundestag, dass fortan am 17. Juni der »Tag der Deutschen Einheit« zu feiern sei (Bundesgesetzblatt 1953 I, 778).

Die westdeutsche Bevölkerung hatte große Sympathien für den ostdeutschen Aufstand. Dieses Klima bot die Möglichkeit, ein weiteres Ereignis, nämlich das weitgehend abgelehnte Attentat gegen Hitler vom 20. Juli 1944, geschichtspolitisch aufzuwerten. 1951 beispielsweise bewerteten nur 43 Prozent der Männer und 38 Prozent der Frauen die militärische Verschwörung gegen Hitler als positiv (Institut für Demoskopie Allensbach 1951, 5). Welche volkspädagogische Rolle man der Verbindung beider Ereignisse zuwies, zeigt die Rede des Regierenden Bürgermeisters von Berlin, Ernst Reuter, vom 19. Juli 1953: »Der Bogen vom 20. Juli 1944 spannt sich heute, ob wir wollen oder nicht, zu dem großen Tage des 17. Juni 1953, zu jenem Tag, an dem sich ein gepeinigtes und gemartertes Volk in Aufruhr gegen seine Unterdrücker und gegen seine Bedränger erhob und der Welt den festen Willen zeigte, dass wir Deutschen frei sein und als ein freies Volk unser Haupt zum Himmel erheben wollen. Wir wissen, dass dieser 17. Juni wie einst der 20. Juli nur ein Anfang war. Aber ich glaube, es ist gut, es ist richtig, wenn wir auch an diesem Tage den Bogen vom 20. Juli zu den Ereignissen schlagen, die uns heute innerlich bewegen.« (Tuchel 2014). Sieben Jahre später fasste Verteidigungsminister Franz-Josef Strauß am 17. Juni 1960 in seiner Rede vor der deutschen Gemeinde in New York beide Daten so zusammen: »Hier der Aufstand gegen die braune Diktatur, dort der Aufstand gegen die rote Diktatur. Hier wie dort das tragische Scheitern der Widerstandskämpfer. Hier wie dort der Wunsch nach Freiheit und Recht. Hier wie dort wird der Aufstand in Blut und Kerker erstickt. Beide Aufstände stehen als Marksteine in der deutschen Geschichte« (zit. nach Wolfrum 1999, 195).

Am 5. Juli 1962 definierte die Kultusministerkonferenz die Richtlinien für die Behandlung des Totalitarismus im Unterricht und leitet sie so ein: »Die Auseinandersetzung mit dem Totalitarismus gehört zu den wesentlichen Aufgaben der politischen Bildung unserer Jugend. Lehrer aller Schularten sind daher verpflichtet, die Schüler mit den Merkmalen des Totalitarismus und den Hauptzügen des Bolschewismus und des Nationalsozialismus als den wichtigsten totalitären Systemen des 20. Jahrhunderts vertraut zu machen.« (Knütter 1988, 29f.)

Das Totalitarismus-Konzept diente jedoch nicht nur der Abgrenzung gegenüber dem konkurrierenden System Ostdeutschlands, sondern auch der Deutung des »Dritten Reichs«. An die Erklärung des Nationalsozialismus gingen die Doktrin des Totalitarismus wie auch die des Antifaschismus einseitig heran. Das Totalitarismus-Konzept konzentrierte sich bei der Beschreibung des »Dritten Reichs« auf die neue

Form der Herrschaftsausübung. Dabei standen die Vernichtung der Demokratie und die Errichtung eines »Unrechtsstaats« im Vordergrund.

Bei der westdeutschen Bevölkerung hatte dieses Deutungsangebot weniger Widerstände zu überwinden als die Doktrin des Antifaschismus bei der ostdeutschen Bevölkerung. Denn mental und ideologisch konnte sich die totalitarismustheoretische Interpretation des »Dritten Reichs« auf viele Impulse stützen, die während der NS-Herrschaft zur großer Verbreitung gebracht worden waren: Die Angst oder die Feindschaft gegenüber »dem Russen«, den Antikommunismus und die Verachtung der »slawischen Untermenschen«. Das Totalitarismus-Konzept bot der Bevölkerung Westdeutschlands eine Verwandlung in Demokraten und Bewohner der »freiheitlichen Welt« an und begründete die Distanzierung gegenüber »der braunen und der roten Diktatur«. Der Antisemitismus und der Massenmord an den europäischen Juden wurde im totalitarismustheoretischen Kontext letztlich als Resultat eines »wesenlosen Bösen« erklärt, dass sich nun gewissermaßen aufgelöst habe.

1952 entschloss sich die Bundesrepublik, Israel innerhalb von 12 bis 14 Jahren eine Entschädigung von 3 Milliarden D-Mark zu zahlen oder in Waren zu liefern. Der Jewish Claims Conference, einer jüdischen Dachorganisation, sagt sie eine Zahlung von 450 Millionen D-Mark zu. Nach außen hin gewinnt die Bundesrepublik durch die Wiedergutmachung viel Anerkennung und kann auch so die von Adenauer angestrebte Westintegration vertiefen. Die eigene Bevölkerung lehnt jedoch die Zahlungen als unnötig oder überzogen ab. In der Halböffentlichkeit pflegte man immer noch antisemitische Stereotype (Longerich 2021, 374) und im Jahr 1961 beispielsweise meinten 73 Prozent der Westdeutschen, dass Juden eine andere Rasse seien (Stern 1993, 721). Zwischen den Politik- und Medien-Eliten und der Bevölkerung bestand in dieser Hinsicht eine tiefe Kluft, bis der Sechstagekrieg 1967 zu einem »dramatischen Stimmungsumschwung« führte (Longerich 2021, 386).

Ostdeutschland nach 1949: Neueinsetzung einer bereits ausgearbeiteten antifaschistischen Erzählung

Das Selbstverständnis der DDR orientierte sich an einem schon vor ihrer Gründung ausgearbeiteten Geschichts- und Gesellschaftsbild. Es wurde von den neuen kommunistischen Eliten mit diktatorischen Mitteln eingeführt. Auf der Ebene öffentlicher politischer Rituale war das Selbstverständnis »ihrer DDR« schon ein halbes Jahr nach der Gründung der beiden deutschen Staaten voll entfaltet. Den Gedenk- und Feiertagen um den 15. Januar (»Zum Gedenken an die Ermordung von Karl Liebknecht und Rosa Luxemburg«) und 1. Mai, den die Linken schon in der Weimarer Zeit begingen, folgte der 8. Mai als »Tag der Befreiung des deutschen Volkes vom Hitlerfaschismus«, der OdF-Tag[1] Mitte September und am 7. Oktober der »Tag der Republik« als Gründungsjubiläum der DDR (Gibas 2000). Das Geschichtsbild erklärte die neue Gesellschaft zur Erbin »alles Progressiven« in der deutschen Geschichte und illustrierte das auch schon 1952 in einem zentralen »Museum für Deutsche Geschichte« in Ostberlin.

Bei der Deutung des »Dritten Reichs« konzentrierte sich die antifaschistische Doktrin auf die sozialen und wirtschaftlichen Grundlagen des nationalsozialistischen Deutschlands. Den Übergang von der Endphase der Weimarer Republik in die NS-Herrschaft sah sie lediglich als eine Zuspitzung der Herrschaftsausübung auf der gleichbleibenden Basis des Kapitalismus – eines Systems, das in der kommunistischen

1 »Internationaler Gedenktag für die Opfer des faschistischen Terrors und Kampftag gegen Faschismus und imperialistischen Krieg«

Erfahrungswelt nach innen zwangsläufig ausbeuterisch und unterdrückend und nach außen hin aggressiv ist. Erst ein neues Gesellschaftssystem, der Sozialismus, würde dieser Deutung nach die Wurzel des Übels ausreißen.

Die antifaschistische Doktrin bot den Ostdeutschen nach 1945 an, sich durch die Teilnahme an der »antifaschistisch-demokratischen Umwälzung« und ab 1952 dem Aufbau des Sozialismus zu den »Siegern der Geschichte« zählen zu können. »Wir wissen, dass ihr Nazis ward«, gab Walter Ulbricht seinen Genossen auf einer Innenministerkonferenz Anfang 1948 als Argumentationshilfe mit. »Wir werden aber nicht weiter darüber sprechen, es kommt auf Euch an, ehrlich mit uns mitzuarbeiten« (Rößler 1994, 249).

Die Zumutungen des antifaschistischen Identitätsangebots an die ostdeutsche Nachkriegs-Gesellschaft waren groß: Der »russische Untermensch« und einstige Feind, sollte nun »Freund« sein, und was die Volksgenossen als Niederlage bezeichneten, feierte der neue Staat nun als »Befreiung«. Eine weitere Forderung der antifaschistischen Erziehungsdiktatur gegenüber der ostdeutschen Gesellschaft war, dass sie bei der Betrachtung der nationalsozialistischen Vergangenheit – die ihre eigene Vergangenheit war – nun die Perspektive der Opfer und Verfolgten des Nationalsozialismus übernehmen sollten (Danyel 1995). Zentrale Themen waren dabei der kommunistische Widerstand, dessen Verfolgung sowie der Vernichtungskrieg gegen die Sowjetunion.

In der alten Bundesrepublik dagegen standen die Opfer des Bombenkrieges, die »hereinbrechenden sowjetischen Truppen« (Erdmann 1959 zit. nach Berg 2003, 425), die Vertreibungen sowie später dann der militärische Widerstand im Zentrum des Rückblicks. Während man in der DDR vom »verbrecherischen Überfall der faschistischen Wehrmacht« schrieb, sprach man in der Bundesrepublik davon, dass die Wehrmacht sich sauber und tapfer geschlagen habe. Das Geschichtsbild der medialen und politischen Elite Westdeutschland kam dem Selbstbild ihrer Bevölkerung recht nahe. In der DDR war das ganz anders.

Denn die machtpolitische und kulturelle Elite des Ostens teilte kaum die Erfahrungen und Werte ihrer Nachkriegsbevölkerung. Sie waren Widerstandskämpfer, Emigranten und Verfolgte des Nationalsozialismus, die nun mittels der »Russen-Partei« SED über die ehemaligen Nazis und Mitläufer herrschten.

Obwohl der Antifaschismus der DDR viele Verbrechenskomplexe in den Blick nahm, die die alte Bundesrepublik und das vereinigte Deutschland erst allmählich thematisierten, hatte er auch blinde Flecken. Hierzu gehörte die Ausblendung der massenhaften Zustimmung und Akzeptanz der deutschen Bevölkerung gegenüber dem Nationalsozialismus. Zudem konstruierte der DDR-Antifaschismus den Mythos eines breiten, durch Kommunisten und die KPD-Spitze in Moskau angeleiteten Widerstandes – der den Führungsanspruch der Gruppe Ulbricht-Pieck direkt legitimierte (Groehler 1995).

Aber auch im weiteren Sinne war der Antifaschismus Legitimationsquelle für das System der DDR. Der Nationalsozialismus wurde als extremste Erscheinungsform des Kapitalismus in seiner »allgemeinen Krise« gedeutet. Der Aufbau des Sozialismus galt bald als die »einzig richtige Konsequenz« aus dem Nationalsozialismus, denn nur mit der Abschaffung des Kapitalismus sei auch die Grundlage für Faschismus, Krieg und Rassenhass beseitigt. Dem Systemkonkurrenten im Westen, der Bundesrepublik, schrieb die Propaganda der DDR zu, dass man in Westdeutschland die »Restauration des deutschen Imperialismus« und das »Wiedererstarken des Faschismus auf deutschen Boden« betreibe (Gibas 2004, 91). Dem westdeutschen Modell wurde als vorläufige Lösung die »Diktatur des Proletariats« in der DDR gegenübergestellt, da diese die Interessen des »werktätigen Volkes« repräsentiere, was sich auch in Bezeichnungen wie Volkskammer, Volkspolizei, Volksarmee zeigte.

Die Reduktion des NS-Regimes auf eine gegen die Arbeiterklasse und die Sowjetunion gerichtete imperialistische Diktatur bot jedoch für den nationalsozialistischen Antisemitismus und den Massenmord an den europäischen Juden keine angemessene Erklärung. Aus antifaschistischer Perspektive galt der nationalsozialistische Rasse-Antisemitismus als ein Ablenkungsmanöver vom antikommunistischen Wesenskern des »Hitler-Faschismus«. Der Antisemitismus passte also ebenso wenig in das antikapitalistische Bild vom Nationalsozialismus wie die Wiedergutmachungsforderungen jüdischer Bürgerinnen und Bürger an die DDR. Denn die DDR, auf derem Territorium wohl ebenso viele Mittäter und Profiteure des Holocaust lebten, wie in der Bundesrepublik, sah sich nicht als Nachfolgestaat des »Dritten Reichs« sondern in der Tradition der Kämpfer gegen den »Hitler-Faschismus« und dessen Opfer. Der Staat Israel hingegen wurde den sowjetischen Vorgaben folgend lediglich als Teil des »imperialistischen Lagers« gesehen.

Die Kinder und Enkel der nationalsozialistisch sozialisierten Jahrgänge nahmen das Identifikationsangebot der antifaschistischen Selbsterzählung der DDR häufig an. Sie sollten und konnten nun das »Vermächtnis« der »besten Kräfte des deutschen Volkes«, welche »unter Führung der KPD« Widerstand gegen den Nationalsozialismus geleistet hatten, »erfüllen« (Danyel 1995, 37). So wurden sie zu den zukunftsgewissen »Siegern der Geschichte«. Geschichtsbild, Literatur und Kunst der DDR popularisierten den Antifaschismus. Die Schulen, in die die Ostdeutschen gingen, die Straßen und Plätze, an denen sie aufwuchsen, und ihre späteren Arbeitsstätten trugen Namen der von den Nazis ermordeten Widerstandskämpfer. Da im antifaschistischen Konzept der Faschismus eine kapitalistische Wurzel hat und in der DDR diese »Wurzeln ausgerottet« waren, sahen viele so sozialisierte Ostdeutsche die Ähnlichkeit der Machtausübung im »Dritten Reich« und der DDR nicht oder in einem anderen Licht, als man das im Westen tat.

Die durch das Konzept des Totalitarismus wie auch des Antifaschismus sozialisierten Nachkriegsjahrgänge glaubten also zu wissen, dass sie selbst in einer Gesellschaft lebten, die die richtigen Konsequenzen aus dem Nationalsozialismus gezogen hatte.

Neue Kohorten und neue Narrative (I). Die Weichen für die Beschreibung der Ostdeutschen nach 1990 werden gestellt

Ab den 1960er-Jahren setzte ein Wandel in der bundesdeutschen Selbsterzählung ein. Die Träger dieser Prozesse waren die mehrheitlich in den 1920ern geborenen sogenannten »45er« und die in den 1940ern geborenen »68er«. Sie stellten das »ängstliche, antikommunistisch aufgeladene Konsensdenken« in Frage und begannen damit, die deutschen Verbrechen in der Zeit des Nationalsozialismus zu thematisieren (von Hodenberg 2020, 5). Während sich der Generationswechsel in der Verwaltung und in der Exekutive noch hinzog, waren die »45er« in den Medien sowie in der Gesellschafts- und Geisteswissenschaft bald in wichtige Positionen vorgerückt (Nolte 2000, 246ff). Für die Tagespresse schätzt man in der Mitte der 1970er-Jahre den Anteil der »45er« in den Redaktionen auf 30 Prozent und den Anteil der »68er« auf 40–50 Prozent (von Hodenberg 2006, 245ff). Diese Kohorten trieben in den Medien, in der Wissenschaft und bald auch in den Schulen den mentalen, ideologischen und kulturellen Wandel der Bundesrepublik voran: Sie distanzierten sich vom früheren Pflichtbewusstsein und Ordnungssinn, der Obrigkeitsstaatlichkeit und der Überhöhung der deutschen Kultur, verstand sich als westlich, liberal bis links, auf jeden Fall nicht autoritär. Sie gaben sich selbstreflektiert und ironisch.

Es war die auf diese Weise geprägte Elite, bestehend aus Journalistinnen und Journalisten, Publizistinnen und Publizisten aus bundesdeutschen Verlagshäusern und Sendern, welche nach dem Beitritt der DDR das Bild von Ostdeutschland und den Ostdeutschen zeichneten (Ahbe/Gries/Schmale

2009, Tröger 2019). Entscheidend war dabei nicht nur die Tatsache, dass es ausgeprägte Unterschiede zwischen Ostdeutschen und Westdeutschen gab, sondern, dass bei der Interpretation dieser Unterschiede die Westdeutschen die Deutungshoheit hatten. Im Unterschied zu Beobachtern aus anderen Ländern waren sie nach der durch Konkurrenz geprägten deutsch-deutschen Vorgeschichte nicht neutral. Sie stießen sich daran, dass die Ostdeutschen spießig und provinziell seien, bieder und konformistisch, autoritär, illiberal und staatsfixiert (zuerst systematisch: Ahbe 2004, siehe auch Roth/Wienen 2008 und Ahbe/Gries/Schmale 2009). Die Heftigkeit, mit der das geschah, ließ manches Mal den Eindruck entstehen, dass die westdeutschen Beobachterinnen und Beobachter an den für sie fremden Ostdeutschen eigene in der Bundesrepublik gerade überwundene Eigenschaften erkannten.

Das Scheitern des europäischen Sozialismus und das Beitrittsbegehren einer Mehrheit der DDR-Bevölkerung wirkte aber auch auf die wissenschaftliche Intelligenz der alten Bundesrepublik – und damit auf die sich nun formierende Selbsterzählung eines vereinigten Deutschlands – zurück. Bestimmte Theorieansätze der westdeutschen Politik- und Geschichtswissenschaft, welche die DDR aus ihrer eigenen Logik heraus zu verstehen versucht hatte, verschwanden. Diese Perspektiven wichen nach 1990 einer »qualitativ sehr heterogenen Renaissance totalitarismustheoretischer Positionen«, wobei sich »in einem kleinen Teil der Forschung und einem größeren Teil der historisch-politischen Publizistik ein Ton politisch-moralischer Verdammung einbürgerte, der das SED-Regime als tyrannische Gewaltherrschaft brandmarkte,« wie der Historiker Ralph Jessen rückblickend zusammenfasst (Jessen 2007, 229, 227).

Im Westen fanden die Erleichterung über das Ende des Kalten Krieges wie auch die Offenheit der globalen Entwicklung in der Formel vom »Ende der Geschichte« (Fukuyama 1992) ihren Ausdruck. Im deutschsprachigen Diskurs schien allein die Nutzung des Begriffs »Kapitalismus« veraltet.[2] In der Bundesrepublik wurde das nun zur Geschichte gewordene antikapitalistische Projekt DDR unter die Grabplatte des »Totalitarismus« gelegt. In diese Richtung zielt auch das 1990 durch den Kulturwissenschaftler Klaus Christian Köhnke gezogene Resümee:

> *»Auf ein Recht auf Arbeit, auf Abtreibung und Kinderkrippenplätze belaufen sich denn die vierzig Jahre währenden sozialistischen ›Errungenschaften‹ – der Rest ist kriegswirtschaftliche Ausbeutung von Menschen, Material und Natur. Dies folgerichtig in einem Staat, der auch die Überwachung seiner Bürger und Grenzen mit höherer Perfektion betrieb als selbst der faschistische Vorgängerstaat es zu Wege brachte. Zugegeben, zwar mit einer geringeren Anzahl von Opfern und im Gewand einer Diktion, die unserer heutigen nähersteht, aber eben doch – netto: faschistoid.« (Köhnke 1992, 268)*

Viele Westdeutsche, die sich bis 1990, am vermeintlichen Ende der Ära Helmut Kohl, als Linke verstanden hatten, wollten im Zuge der späteren Aufarbeitung der SED-Diktatur keinerlei Sympathie für antikapitalistische Optionen oder gar für die DDR gehabt haben. Sie ließen dem Ärger darüber, dass die »autoritären und kleinbürgerlichen DDR-Sozialisten« im Osten »alles verdorben« und ihre Utopie ruiniert hatten, freien Lauf und begannen ihre eigene Vorgeschichte zu verklären. Dazu blendeten sie unter anderen die trotzkistischen und maoistischen Strömungen der Westlinken aus, die bei der nun anstehenden Kritik ihrer SED-Altersgenossen nur störend gewesen wären.

---

2 Die Verwendung des Begriffs »Kapitalismus« in den in der Deutschen Nationalbibliothek aufgeführten Titelangaben ging in den 1990er auf ein Drittel im Verhältnis zu den 1980er-Jahren zurück, jeweils unter Berücksichtigung der Gesamtzahl der in diesen Jahrzehnten aufgeführten Titeln.

Die Erzählung Ostdeutschlands nach 1990. Akteure und Themen

Import der westdeutschen medialen und volkspädagogischen Infrastruktur und ihrer Deutungsmuster

Der oben genannte Wandel in der Selbsterzählung der alten Bundesrepublik zwischen 1970 und 1989 hatte die Maßstäbe geschaffen, die bei der Vermessung der Ostdeutschen angelegt wurden. Zudem wurde der offizielle Diskurs der DDR, wie auch das Selbstverständnis von großen Teilen der ostdeutschen Bevölkerung, mit westdeutschen Erzählungen und Deutungen überschrieben.

Die Einführung der gesellschaftlichen Selbsterzählung der alten Bundesrepublik samt der bundesdeutschen Sicht auf die DDR war kein diktatorischer Akt, wie einst die Einführung der antifaschistischen Erzählung nach 1945. Aber Ostdeutschland erlebte erneut die Einsetzung einer bereits vorliegenden gesellschaftlichen Selbsterzählung, nun der bundesdeutschen. Deren Überstülpung folgte der Grundtendenz der deutschen Vereinigung, nämlich der institutionellen, wirtschaftlichen und geistigen Ausdehnung der alten Bundesrepublik auf das Beitrittsgebiet und die dort lebende Bevölkerung. Obwohl die ostdeutsche Gesellschaft sich bereits während der Friedlichen Revolution »Redefreiheit« erarbeitet und damit begonnen hatte, ihre Geschichte zu reflektieren (Ahbe/Hofmann/Stiehler 2014), wurde nach 1990 die Geschichte der DDR und der ostdeutschen Transformation fast ausschließlich von Westdeutschen erzählt.

Die Redaktionen der westdeutschen überregionalen Print- und elektronischen Medien konnten den kleinen Ostmarkt ohne wesentliche personelle Veränderungen bedienen. Die einstigen DDR-Zeitungsverlage mit ihrem Leserstamm und Immobilienbesitz waren bei den westlichen Investoren wiederum sehr begehrt (Tröger 2019). Für die Treuhandanstalt war die Privatisierung der DDR-Zeitungen das erfolgreichste Kapitel ihrer Geschichte – für die Presselandschaft war das Ergebnis hingegen weniger positiv. Wenige finanzstarke westdeutsche Medienkonzerne hatten sich den ostdeutschen Zeitungsmarkt einverleibt. Eine mittelständische Verlegerstruktur, wie sie in der alten Bundesrepublik bestand, konnte sich daher in Ostdeutschland nicht etablieren (Büssow u. a. 2010, 129–132). Auch bei der ostdeutschen Regionalpresse waren also die neuen Besitzer und das journalistische Führungspersonal Westdeutsche. Seit 1995 hat es auf dem lokalen und überregionalen Pressemarkt keine Neuzugänge mehr gegeben (ebd. 130f.). Diese Konstellation ließ also auch keinen Platz für eine Zeitung, die Gesamtdeutschland aus »ostdeutscher Perspektive« beschreibt (Machill/Beiler/Gerstner 2010, 26). Lediglich das Boulevard-Blatt *SuperIllu*, eine Burda-Gründung aus dem Jahr 1990, erfüllt diese Funktion.

Die Dominanz westdeutschen Personals bestand auch in der neu gebildeten ostdeutschen Sendestation. Bei Gründung des *Mitteldeutschen Rundfunks (MDR)* stammten sieben der acht Direktoren und der Intendant des Senders aus Westdeutschland. Lediglich der Betriebsdirektor kam aus dem Osten. Der öffentlich-rechtliche TV- und Radio-Sender MDR ist für die ostdeutschen Bundesländer Thüringen, Sachsen und Sachsen-Anhalt zuständig, ein Gebiet also, in dem die Hälfte der ehemaligen DDR-Bürger lebten und leben.

In den Geistes- und Sozialwissenschaften wurden die Lehrstühle mit westdeutschen Professorinnen und Professoren besetzt. Ostdeutsche waren lediglich in der Politik und bei der Aufarbeitung der DDR-Diktatur in Spitzenpositionen vertreten.

Natürlich kamen in den Medien-Diskursen zur DDR und ihrer Bevölkerung auch Ostdeutsche selbst zu Wort. Doch die Entscheidung darüber, wer in den Medien seine Sichtweise verbreiten konnte, folgte den Wertmaßstäben, Erfahrungen und Plausibilitätsvorstellungen der westdeutsch geführten Redaktionen. So wurde im Wesentlichen die Erinnerungsform von besonderen ostdeutschen Gruppen als repräsentative Osterfahrung veröffentlicht: Der Opfer beziehungsweise Gegner der DDR-Diktatur. Ihr Diskurs war zunächst aufklärerisch und heilsam. Je schwieriger die Transformation Ostdeutschlands wurde, und je weniger sich die einstige DDR-Opposition um die transformationsbedingten sozialen Probleme kümmerte, desto stärker empfand die ostdeutsche Mehrheit die Verweise auf den »totalitären Charakter« der SED-Diktatur und ihre Verbrechen als aufgesetzt.

So gab es von Anfang an Spannungen zwischen der altbundesdeutschen, nun in das vereinigte Deutschland verlängerten Selbsterzählung einerseits und andererseits den ostdeutschen Erfahrungen und Wertvorstellungen, dem ostdeutschen »kommunikativen Gedächtnis«. Die Ostdeutschen standen dem Mediendiskurs der vereinigten Republik reserviert gegenüber. Die Reichweite der überregionalen Presse war und blieb im Osten viel geringer als im Westen. Aber auch die heimische Presse gab nicht das wieder, was die Mehrheit der Ostdeutschen für wichtig und wahr hielt.

Der Kommunikationswissenschaftler Uli Schönbach fragt danach, wie die Wahrnehmungen der Gegenwart durch ostdeutsche Regional-Zeitungen widergespiegelt worden sind (Schönbach 2010)[3]. Was hat er herausgefunden? Die Tatsache, dass die Ostdeutschen der Demokratieausübung in der Bundesrepublik – nicht dem Prinzip der Demokratie – kritischer

3 Mit der Lausitzer Rundschau, der Leipziger Volkszeitung, der Mitteldeutschen Zeitung und der Thüringer Allgemeinen wählte Schönbach vier ostdeutsche Tageszeitungen mit unterschiedlichen Eigentümern, landespolitischen Hintergründen und Wirtschaftssituationen in den Verbreitungsgebieten aus und unterzog eine Stichprobe von 900 Leitartikeln und prominent platzierten Kommentaren aus den Jahren 1990 bis 2000 einer Inhaltsanalyse.

gegenüberstehen als die Westdeutschen, wird in der Presse zwar gespiegelt, allerdings schließen sich die Kommentatoren der ostdeutschen Sichtweise nicht an. Zudem stellte Schönbach fest: »Keiner der untersuchten Kommentare nimmt in positiver Weise auf das Leben in der DDR Bezug. Die Vergangenheit steht durchweg in negativem Kontrast zur Gegenwart.« Der Autor folgert zusammenfassend: »Auf keinem der untersuchten Felder finden sich daher Argumentationsmuster, die den Ankerpunkten ostdeutscher Identität gleichen.« (Ebd., S. 55)

Es zeigte sich also schon in den 1990er-Jahren ein erster Riss in der gesellschaftlichen Kommunikation. Im Jahr 2020, im 30. Jahr der Einheit, hat er sich vertieft. In Ostdeutschland liest so gut wie niemand mehr die überregionalen Medien der Republik. Die *Frankfurter Allgemeine Zeitung* setzt hier lediglich 3,4 Prozent ihrer Gesamtauflage ab, die *Süddeutsche Zeitung* 2,5 Prozent und der *Spiegel* 3,9 Prozent. (Mükke 2021, 27f.)

»Verzwergte Ostdeutsche« – Ethnologie der neuen Mitbürger

Den Westdeutschen in den Medien, in Wissenschaft und Gesellschaft gelang es von Anfang an kaum, die Ostdeutschen zu verstehen. Vielmehr wurden ihre Eigenarten an der westdeutschen Norm gemessen und die Abweichung als Defizit beschrieben. Man zeigte die Ostdeutschen als spießig, rückständig, autoritär, obrigkeitsstaatlich, illiberal und sich selbst als aufgeklärt, liberal und weltbürgerlich (zuerst systematisch: Ahbe 2004, siehe auch Roth/Wienen 2008 und Ahbe/Gries/Schmale 2009). In der direkten Kommunikation seien die neuen Mitbürger kollektivistisch, zurückgenommen, konsensorientiert, ja feige, während sich die westdeutschen Ethnologen hier als offen, mutig, konfliktbereit, originell und individuell erlebten. Diese Beschreibungen sind das erwartbare Ergebnis eines »Kulturschocks« (Wagner 1996, 1999), bei dem allerdings nur eine Seite ihr Erleben öffentlich zur Norm erheben konnte.

Auch Sozialwissenschaftler stellten den Ostdeutschen ungünstige Diagnosen aus. In der Zeitschrift »Aus Politik und Zeitgeschichte«, die eine der wirksamsten politikwissenschaftlichen Zeitschriften ist, stellten im Jahr 1991 westdeutsche Politikwissenschaftsprofessoren zu den Ostdeutschen fest:

> *»So betrachtet führte die ideologische Erziehung zum Erfolg: Der resignierte und völlig angepasste Mensch als die sozialistische Persönlichkeit. Und so erwies sich neben dem totalen Wissensmanko das Angepasstsein und -werden als die größte Gefahr für die Bürger in der ehemaligen DDR. Die sind die eigentlichen Früchte der ideologischen Erziehung heute.« (Eisenmann, 1991, 8f)*

Zwei andere Professoren bemerken vermeintlich entgegenkommend:

> *»Vierzig Jahre antrainierte Unselbstständigkeit lassen sich nicht einfach abschütteln. Der Wandel von Befehlsempfängern zu eigeninitiativ und selbstbewusst handelnden Arbeitnehmern braucht Zeit.« (Weidenfeld/Korte 1991, 8)*[4]

Diese Befunde fand der Historiker Arnulf Baring noch viel zu optimistisch. Er tat in einem Interview-Buch kund:

> *»Das Regime hat fast ein halbes Jahrhundert die Menschen verzwergt, ihre Erziehung, ihre Ausbildung verhunzt. Jeder sollte nur noch ein hirnloses Rädchen im Getriebe sein, ein willenloser Gehilfe. Ob sich heute einer dort Jurist nennt oder Ökonom, Pädagoge, Psychologe, Soziologe, selbst Arzt oder Ingenieur, das ist völlig egal: Sein Wissen ist über*

4 Weitere derartige Belege aus dieser Zeitschrift finden sich bei Ahbe 2016, 40f.

weite Strecken völlig unbrauchbar. [...] Wir können den politisch und charakterlich Belasteten ihre Sünden vergeben, alles verzeihen und vergessen. Es wird nichts nützen; denn viele Menschen sind wegen ihrer fehlenden Fachkenntnisse nicht weiter verwendbar. Sie haben einfach nichts gelernt, was sie in eine freie Markwirtschaft einbringen könnten.« (Baring 1991, 59)

Aus dem gleichen Jahr stammt ein Skandal-Gutachten, in dem der Sachverständige Prof. Dr. Dr. Johannes Niermann von der Universität Köln den Bundestag über die Ostdeutschen wie folgt aufklärte:

»Erzogen wurde in der Familie, wenn überhaupt, fast nur autoritär. [...] die psychische Deformierung vieler Eltern, als Folge der sozialistischen Indoktrination, hatte ihre Einfühlungsgabe in die Bedürfnis- und Erlebniswelt des Kindes ganz erheblich beeinträchtigt. Spontaneität und Emotionalität waren den Eltern völlig fremd. [...] Dem Bedürfnis nach Liebe und Geliebtwerden wurde in den Familien nicht entsprochen [...] Dass Frauen arbeiteten habe zu ihrer generellen Degeneration beigetragen.« (Niermann 1991)

Solche Thesen, seien sie nun aus Büchern oder Anhörungen im Bundestag, wurden natürlich in den überregionalen Medien und der ostdeutschen Presse verbreitet, sodass sie auch unter den Ostdeutschen bekannt wurden.

Die Schwierigkeiten der deutschen Vereinigung aus den frühen 1990er-Jahren verfestigten sich. Als 15 Jahre nach der Vereinigung eine Brandenburgerin vor Gericht stand, weil sie neun ihrer Kinder getötet und in Blumenkübeln auf ihrem Balkon verscharrt hatte, machte Jörg Schönbohm, Innenminister des Bundeslandes Brandenburg, für die Tat »die vom SED-Regime erzwungene Proletarisierung« und »die Zunahme von Verwahrlosung und Gewaltbereitschaft« in seinem Land verantwortlich (Lohre, 2007, 5). Natürlich gab und gibt es solche

Verbrechen auch in den alten Bundesländern. Doch bei der Betrachtung Ostdeutschlands stellte man immer wieder eine Analogie zwischen den diktatorischen Herrschaftsstrukturen der DDR und den – angeblich schon allein daraus entstehenden – »Deformationen« der Ostdeutschen her.

Hinter allem stand also die Frage nach den psychischen und sozialisatorischen Folgen des Lebens in der DDR. Eine öffentliche Selbstaufklärung unter ostdeutscher Regie gab es nicht, die Debatte wurde durch Westdeutsche auf die Agenda gesetzt, beispielsweise von einem Innenminister oder den westdeutschen Kriminologen Christian Pfeiffer. Letzterer erklärte die hohe Quote ausländerfeindlicher Gewalttaten Ostdeutschlands aus der »autoritären Gruppenerziehung« in der DDR, bei der die Kinder »emotional nicht satt geworden« seien (Pfeiffer 1999, 60–66). Viele Ostdeutsche waren darüber sehr empört. Und als sich Pfeiffer 1.200 von ihnen in der Magdeburger Paulskirche zu einem Streitgespräch stellte, wählte die Frankfurter Allgemeine Zeitung für ihren Bericht die Überschrift: »In der Löwengrube« (Dietrich 1999, 5). In der Debatte in der Magdeburger Paulskirche ging es um das Selbstverständnis der Westdeutschen und der Ostdeutschen. Es ging um die unterschiedlichen Modernisierungswege der bundesdeutschen und der ostdeutschen Gesellschaft, um deren Auswirkungen und um die sozialen Normen, die seit zwei bis drei Generationen gegolten hatten. All das war als funktional und »normal« erlebt worden. Nun sollte die ostdeutsche Variante ebenso verwerflich sein, wie das DDR-Grenzregime und die Stasi. Pfeiffer bezieht sich auch auf eine frühe Ikone der DDR-Kritik. Der Hallenser Psychiater Hans-Joachim Maaz hatte 1990 mit *Der Gefühlsstau. Ein Psychogramm der DDR* einen Bestseller veröffentlicht. Maaz' Buch war eine umfassende Kritik an den krankmachenden Verhältnissen in der DDR. Es gehört heute noch zu den Standard-Referenzen, wenn auf die DDR und die seelische Verfasstheit der Ostdeutschen hingewiesen wird. Ein Jahr später kritisierte Maaz mit der gleichen Methodik die westdeutsche Gesellschaft. Das Buch wurde damals durch die

Medien nicht weiter beachtet und ist heute nahezu unbekannt. Das illustriert die Diskussion im vereinigten Deutschland. Kritisiert ein ostdeutscher Psychiater die DDR, verstärkten die westdeutschen Medien seine Publikation und machten sie zum Standardwerk. Kritisiert der gleiche Autor mit dem gleichen Ansatz die westdeutsche Gesellschaft, fällt er durch.

Es ist interessant, diesen Konflikt auf Basis repräsentativer empirischer Daten der Werteforschung nachzuvollziehen. Im Jahr 1998 legte der Sozialforscher Thomas Gensicke das Buch *Die neuen Bundesbürger. Eine Transformation ohne Integration* vor.[5] Er stellt fest, dass die Sozialisation der ostdeutschen Heranwachsenden tatsächlich von anderen Wertvorstellungen und Verläufen geprägt war, als die der Westdeutschen. Die Jugendphase war im Osten kürzer: Man stieg früher ins Berufsleben ein, studierte zügiger und geregelter, die jungen Erwachsenen heirateten früher und wurden früher Eltern. Die deutlich höhere Erwerbsquote insbesondere bei Frauen und gleichzeitig höherer Kinderzahl »erzwang wiederum ein höheres Maß an Selbstständigkeit für die Kinder und eine stärkere Verantwortungsübernahme für häusliche Pflichten und Geschwister« (Gensicke 1998, 110). Bei der Erziehung in Ostdeutschland wurde also stärker auf Sekundärtugenden geachtet, auf die Fähigkeit zur Integration in Gruppen, auf die Ausbildung von Ausdauer, Disziplin, die Achtung von produktiver Arbeit. Im Westen hingegen wurde die Fähigkeit zur Autonomie, Selbstverwirklichung aber auch zur Anpassung gefördert, letzteres stärker als im Osten (Ebd. 108, 117f.). Für das Chaos des Umbruchs und der Transformation nach 1990 erwiesen sich Pragmatismus und Durchhaltevermögen als wichtige Ressourcen für die jungen Ostdeutschen.

Auch zum Streit um die Kindererziehung und die Berufstätigkeit der Mütter, welcher in Magdeburg zwischen dem westdeutschen Professor und dem grollenden Ost-Volk

5 Gensicke stützte sich auf die bis 1997 vorliegenden Daten von ALLBUS, KSPW-BUS, SOEP, Wohlfahrtssurvey, Eurobarometer, IfD, sowie IPOS und EMNID.

ausgefochten wurde, gibt es interessante empirische Untersuchungen. Der Soziologe Kai Arzheimer legte im Jahr 2006 eine Studie vor, in dem er die Einstellungsunterschiede zwischen Westdeutschen und Ostdeutschen unterschiedlicher Jahrgänge sichtbar macht. Besonders deutliche Unterschiede zeigen sich in der Frage, ob es für Frauen wichtiger sei, die Karriere des Mannes zu unterstützten, als selbst Karriere zu machen. Von den vor 1973 geborenen Westdeutschen meinten immerhin noch 25 Prozent, dass die Frauen zurückstecken sollten, bei den gleichaltrigen Ostdeutschen meinten das nur 10 Prozent. Fragt man die nach 1973 geborenen Jahrgänge, so geben Westdeutsche und Ostdeutsche die gleiche Antwort wie schon die älteren Ostdeutschen. Bei den »Einstellungen gegenüber der Frau«, so resümiert Arzheimer, verläuft die eigentliche Trennlinie nicht wie sonst zwischen Ost- und West, »sondern zwischen älteren Westdeutschen einerseits und allen übrigen Bürgern andererseits« (Arzheimer 2006, 229, 232).

Es ging in der Debatte um die ostdeutsche Sozialisation um einen Geltungskonflikt: Welche gesellschaftlichen Traditionen sollten als normal und modern, und welche als unmodern und nicht normal gelten. Das Kuriose war, dass die Vorstellungen, die ältere Westdeutsche zur außerfamiliären Kindererziehung und Berufstätigkeit von Müttern hatten, im westeuropäischen Vergleich die Ausnahme bildeten – die ostdeutschen Praktiken hingegen nicht. Doch das nützte den Ostdeutschen wenig. Die Macht zur politischen und öffentlichen Normsetzung im vereinigten Deutschland hatten in den 1990er-Jahren die vor 1973 geborenen westdeutschen Jahrgänge. Auch das trug dazu bei, dass ein großer Teil der Ostdeutschen den westdeutschen Medien-Diskurs als nicht kompetent oder irrelevant wahrnahm.

Die Aufarbeitung der SED-Diktatur. Fakten, geschichtspolitische Deutungen und die Resonanz beim ostdeutschen Publikum

Quellen und Strukturierung des Aufarbeitungs-Diskurses

Der Diskurs zur Aufarbeitung der SED-Diktatur hatte von Anfang an eine breite und gesicherte institutionelle Basis. Innerhalb von acht Jahren wurden in Ostdeutschland fünf zentrale Institutionen gegründet, die mit der wissenschaftlichen Aufarbeitung der DDR betraut waren.[6] Die Akten der bislang für bundesdeutsche Wissenschaftler nahezu unzugänglich gebliebenen Archive der DDR konnten nun fast ohne jede Sperrfrist eingesehen werden. Das war eine völlig ungewohnte Situation, im Übrigen auch für Historiker der DDR, die nun auch jene Akten zu Gesicht bekamen, die ihnen jahrelang vorenthalten worden waren.

Es fehlte nicht an Vorwürfen, dass der Diskurs zur DDR-Aufarbeitung einseitig positiv oder einseitig negativ sei. Wie sich die Proportionen wirklich gestalteten, konnte niemand genau wissen – bis im Jahr 2014 die Soziologin Pamela Heß dieser Frage nachging. Heß wertet »politische Dokumente« zur DDR-Erinnerung aus den Jahren 1992 bis 2006 aus[7]. Zudem untersuchte sie die darauf bezogenen Reaktionen von sechs überregionalen Tages- und Wochenzeitungen und von 17 Regionalzeitungen Ostdeutschlands und Berlins. Die gesamte Textmenge unterzog sie einer statistischen Analyse und zog daraus 24 Kategorien. Schließlich untersuchte sie, welche

6 Der Bundesbeauftragte für die Unterlagen des Staatssicherheitsdienstes der ehemaligen Deutschen Demokratischen Republik (BStU) 1990 samt seiner Forschungsabteilung und seiner Landesstellen, die Stiftung Archiv der Parteien und Massenorganisationen der DDR im Bundesarchiv (SAPMO) 1992, das Leibniz-Zentrum für Zeithistorische Forschung Potsdam (ZZF), das Hannah-Arendt-Institut für Totalitarismusforschung der Technischen Universität Dresden (HAIT) 1993 sowie die Bundesstiftung zur Aufarbeitung der SED-Diktatur 1998.

7 Wie beispielsweise Dokumente der 1992 vom deutschen Bundestag eingesetzten Enquete-Kommission »Aufarbeitung von Geschichte und Folgen der SED-Diktatur«, der 1995 eingesetzten Enquete-Kommission »Überwindung der Folgen der SED-Diktatur im Prozess der deutschen Einheit« oder der vier Gedenkstättenkommissionen des Bundes bis hin zur letzten, der Gedenkstättenkommission des Bundes zum Alltag in der DDR (2007).

Begriffe bei der DDR-Thematisierung am häufigsten fallen und welche seltener.

Auf den ersten fünf Plätzen der DDR-Thematisierungen liegen mit einer Häufigkeit von 172 bis 123 »Inhaftierung« (mit 172 Nennungen), »Diktatur« (163), »Herrschaftsmechanismen- und Instrumente« (162), »Mauer, Flucht, Teilung« (137) und »Opfer« (123). Diese Themenfelder bilden sozusagen die »Spitzengruppe«, die es alles in allem auf jeweils über 100 Nennungen bei der Thematisierung der DDR schaffen. Mit einem gewissen Abstand folgten auf den Rängen 6–8 »Opposition und Widerstand« (91 Nennungen), »Geheimpolizei beziehungsweise Stasi« (87) und »Verfolgung, auch politische Verfolgung«(82). Dann kommt mit einem großen Abstand das Mittelfeld mit 30 bis 10 Nennungen. Dieses wird angeführt von Rang 9 – »Antifaschistischer Widerstand« – er kommt auf 29 Nennungen. Alle anderen Kategorien dieses Mittelfeldes – abgesehen von »friedliche Revolution« – zeigten das Leben der DDR-Bürger ausschließlich als das von Unterdrückten im »falschen Leben«. Zumindest ambivalente Bewertungen zur DDR fanden sich erst auf Platz 19 (»Alltag beziehungsweise kritische Auseinandersetzung mit Alltag«) und Platz 21 (»Kindererziehung in der DDR, Kinderkrippe«) mit 3 Nennungen. Auf dem letzten, dem Platz 24, liegt »soziale DDR«, die eine Nennung erfährt. (Heß 2014, 96) Die Analyse zeigte, dass die öffentliche Erinnerung an die DDR vor allem in Verweisen auf den Diktaturcharakter der DDR, auf die Instrumente und Institutionen der Unterdrückung und ihrer Opfer bestand.

Der Historiker Ulrich Mählert rechnete vor, dass zwischen 1990 bis 2016 insgesamt 7000 Bücher zur DDR erschienen sind. Statistisch gesehen sei also seit der Vereinigung täglich – außer an den Wochenenden –»mindestens ein Buch erschienen, das sich in irgendeiner Form der DDR-Geschichte widmet.« (Mählert 2016, 9)

Ilko-Sascha Kowalczuk war seinerzeit Historiker beim Bundesbeauftragten für die Unterlagen des Staatssicherheitsdienstes der ehemaligen Deutschen Demokratischen Republik.

Darüber, wie sich der Aufarbeitungs-Diskurs weiter entwickeln könnte, gibt er in einem Interview von 2016 Auskunft:

> *»Ich hatte ein Buch veröffentlicht (›Stasi konkret‹), in dem ich [...] einiges in Frage stellte. So bezweifle ich aufgrund langjähriger Forschungen, dass die bisherigen Angaben über die IM-Zahlen zutreffend sind, dass die Angaben über kontrollierte Briefe in der DDR stimmen et cetera. Insgesamt betone ich, dass die DDR- und Stasi-Geschichte bislang zu wenig historisiert und kontextualisiert worden sind und immer nur diejenigen ›Recht‹ bekommen, die die größten Zahlenangaben und die schlimmsten Verbrechen behaupten. Ich prognostizierte in diesem Buch, dass man für solche Thesen zum Verharmloser und DDR-Freund abgestempelt werden könne. Was dann allerdings passierte, dazu reichte auch meine Fantasie nicht aus: monatelang trommelten bestimmte Medien gegen das Buch und mich ganz persönlich.“ (Kowalczuk 2016, 156)*

Bei der Darstellung der DDR konzentriert man sich vor allem auf das diktatorische Herrschaftssystem. Diese Perspektive, die einst für die Aufklärung und Aufarbeitung der Verbrechen notwendig war, veränderte sich über drei Jahrzehnte im vereinigten Deutschland kaum. Dieser »Tunnelblick« auf die DDR bringt inzwischen nichts Neues mehr hervor, scheint aber für die Selbsterzählung des vereinigten Deutschlands unverzichtbar zu sein. Sein Wert liegt offenbar in der Legitimation der Gegenwart. Für sich genommen ist das nicht ungewöhnlich, denn jede Nation hat selbstlegitimierende Mythen. Das Problem der aktuellen Erzählungen über die »Erfolgsgeschichte zur Wiedervereinigung« wie auch über die »Misserfolgsgeschichte von der totalitären DDR« besteht darin, dass sie von vielen Ostdeutschen so nicht akzeptiert wird. In dieser Beziehung wirkt die Selbsterzählung des vereinigten Deutschlands spaltend, sie vermag nur eine Minderheit der Ostdeutschen zu integrieren.

Geschichtspolitische Deutungen und ihre Resonanz beim ostdeutschen Publikum

Sowohl der Nationalsozialismus wie auch die Fakten, die die Aufarbeitung der SED-Diktatur zu Tage förderte, wurden in der Selbsterzählung der vereinigten Bundesrepublik totalitarismustheoretisch gedeutet. Die mediale Vereinfachung der wissenschaftlichen DDR-Aufarbeitung wie auch der politische Diskurs verbreiteten die Formel von der »zweiten deutschen Diktatur«. Die DDR wurde damit als ein auf jeder gesellschaftlichen Ebene nur Unterdrückung und Verbrechen produzierender »Unrechtsstaat« dargestellt. Man schilderte sie als ein für jeden sichtbar illegitimes und zum Scheitern verurteiltes Projekt, dem von Anfang ein »Untergang auf Raten« bestimmt gewesen sei (Mitter/Wolle 1993). Nach der damaligen Interpretation hätten die Ostdeutschen eigentlich nur als Opfer oder Täter leben können.

Einer Minderheit der Ostdeutschen kam diese Darstellung der DDR entgegen. Der Politikwissenschaftler Everhard Holtmann legte 2015 eine historische Untersuchung zu den Einstellungen der Menschen in der DDR vor (Holtmann/Köhler 2015)[8]. Die Ergebnisse lassen sichere Rückschlüsse darüber zu, wie die DDR-Darstellung nach 1990 bei den neuen Bundesbürgern akzeptiert wurde. In den von Holtmann präsentierten Messreihen von 1978 bis 1988 wird eine Gruppe der DDR-Bevölkerung so typisiert: »Lehnt das politische System in der DDR ab. Kritisiert die Regierung und die politischen Verhältnisse«. Ihre Quote schwankte in diesen Jahren zwischen 22 und 31 Prozent. Ein Fünftel bis ein Drittel der Menschen aus der DDR sahen sich also höchstwahrscheinlich durch die Rede von der »zweiten deutschen Diktatur« und vom »Unrechtsstaat« gut repräsentiert. Für sie wogen die Erfahrungen mit

8 Anne Köhler war die geschäftsführende Gesellschafterin von Infratest Kommunikationsforschung auf deren Vorarbeiten aus den 1970er und 1980er Jahren sich Holtmann stützt. (Holtmann 2015, 20)

dem Herrschaftssystem und der Unterdrückung individueller Freiheiten in der DDR schwerer als beispielsweise die Erinnerung an die Sozialpolitik oder das Arbeitsrecht der DDR.

Für die Mehrheit der Ostdeutschen trifft das jedoch nicht zu. Viele hatten sich in der DDR »den bestehenden Verhältnissen angepasst ohne von der Richtigkeit der politischen Verhältnisse überzeugt zu sein«. Ihre Quote schwankte laut Holtmann von 1978 bis 1988 zwischen 42 Prozent bis 48 Prozent. Hinzu kommt noch die Gruppe jener, die »völlig gleichgültig gegenüber dem politischen System in der DDR« gewesen waren und sich für Politik »überhaupt nicht interessierten«. Ihre Quote schwankte von 1978 bis 1988 zwischen 13 Prozent und 4 Prozent (Holtmann/Köhler 2015, 203, 237). Die Angehörigen beider Gruppen dürften sich durch das nach 1990 popularisierte DDR-Bild in ihrer Lebensleistung diskreditiert fühlen. Das unterstellt keine Identifikation mit dem DDR-Regime, sondern eine völlig unpolitische Haltung. Diese Ostdeutschen waren stolz darauf, wie sie sich fleißig und findig eine auskömmliche Existenz erarbeitet, wie sie unter DDR-Verhältnissen ein gelungenes und glückliches Leben geführt hatten. Dass sie durch die Diktatur unterdrückt worden waren, würden sie nicht bestreiten, aber sie wollen sich nicht auf die Eigenschaft eines Opfers reduzieren lassen.

Der sozialistisch orientierte Teil der ostdeutschen Bevölkerung fühlte sich durch die einseitige und westdeutsch orientierte »Aufarbeitung« erst recht angegriffen. In den Jahren 1978 bis 1988 waren ein Fünftel bis ein Viertel der DDR-Bürger entweder »dem System in der DDR gegenüber im allgemeinen positiv eingestellt, wenn auch manchmal bestimmte Dinge kritisiert werden« und aber »völlig von der Richtigkeit des politischen Systems in der DDR« überzeugt (Holtmann/Köhler 2015, 203, 237).

Die nach 1990 in den Medien präsente Rhetorik von der »totalitären DDR« war eine Verlängerung der Selbsterzählung der alten Bundesrepublik. Ein prägnantes Beispiel hierfür ist die Erklärung Franz Thedieck, Staatssekretär im

Bundesministerium für gesamtdeutsche Fragen, die im Jahr 1963 zum 30. Jahrestag der Machtübergabe an Adolf Hitler veröffentlicht wurde. Unter der Überschrift: »Immer noch Hitler-Diktatur. Dreißig Jahre Totalitarismus in Mitteldeutschland« hieß es: »Majdanek, Auschwitz und Theresienstadt fanden ihre Fortsetzung in Bautzen, Waldheim und Torgau« (zit. nach Wolfrum 1999, 418). In den 30 Jahren nach 1990 wurde diese Deutung auch in Ostdeutschland zur historischen Wahrheit erklärt. Die Rede von der »zweiten deutschen Diktatur«, die die antifaschistische »Diktatur des Proletariats« in die Nähe der massenmörderischen Diktatur der Nationalsozialisten rückte, rief bei jenem Viertel bis Fünftel der DDR-Bevölkerung, das sich mit der DDR und ihrer Selbsterzählung identifiziert hatte (Holtmann/Köhler 2015, 203, 237), Betroffenheit und Empörung hervor.

Dem sozialistisch orientierten Teil der DDR-Bevölkerung, der sich nach der Friedlichen Revolution mit den Fakten über das DDR-Grenzregime, über die politischen Gefangenen und die Stasi auseinanderzusetzen hatte, war bis dahin noch ein Vorzug der DDR, nämlich von Anfang an ein antifaschistischer Staat gewesen zu sein, geblieben. Doch nun schien die Kette zu diesem letzten Identitätsanker auch noch brüchig zu werden. Denn das Ende der Zensur in der DDR und die Offenlegung der Akten verdeutlichten, dass der DDR-Antifaschismus zu Teilen nur ein Legitimations-Mythos war. Es wurde nun öffentlich, dass es auch in der antifaschistischen DDR Menschen mit rassistischen, antisemitischen, nationalistischen und rechtsextremistischen Positionen gegeben hatte und dass die antifaschistische Erziehung vor allem bei den nach 1970 Geborenen wenig Wirkung gezeigt hatte. Hinzu kam noch, dass es nach 1990 in den Medien populär wurde, den vor allem in Ostdeutschland grassierenden Rechtsextremismus und Rassismus, die Erfolge rechter Parteien, der PEGIDA oder der AfD als Ergebnis der DDR-Prägung und ihres Antifaschismus hinzustellen. Diese Sündenbock-Theorie war in zweierlei Weise nützlich. Sie deutet antisemitische, fremdenfeindliche, rechtsextremistische und rassistische Einstellungen als Erbschaft des einstigen Systemkonkurrenten DDR, ihrer diktatorischen Verhältnisse und ihres Antifaschismus. Zugleich ersparte diese Externalisierung eine tiefer gehende Debatte darüber, inwieweit die menschenfeindlichen Einstellungen aus der Wirklichkeit des vereinigten demokratischen Deutschlands entspringen.

Neue Kohorten und neue Narrative (II). Ostdeutsche werden zu Akteuren im Diskurs über Ostdeutschland

Mit den 2000er-Jahren begannen nach den zehn Jahren eines eintönig wirkenden Ost-Diskurse viele Bücher, Filme und Medien-Debatten Anstöße dafür zu liefern, gerechter oder differenzierter von den Ostdeutschen in der DDR und in der Transformationszeit zu sprechen. Aber es gab auch weiter Momente, da schien die »Aufklärung West« umsonst gewesen zu sein. So berichtet die ostdeutsche Journalistin Sabine Rennefanz über ein Abendessen mit Kollegen im Dezember 2011, als die Mordserie der NSU bekannt geworden war:

> *»Tja«, sagte ein Kollege, der beim öffentlich-rechtlichen Rundfunk arbeitet, »der Osten ist halt braun.« Eine Kollegin von einer überregionalen Zeitung stimmte ihm zu. Sie hatte auch gleich eine Erklärung. Das liege an den Familien in der DDR, an dem staatsverordneten Antifaschismus, der mangelnden Kommunikation. »Die Menschen in der DDR haben sich doch nie mit der Nazizeit auseinandergesetzt, da wurde doch in den Familien nicht drüber geredet.« (Rennefanz 2011)*

Bei der Wahrnehmung des Ostens standen also Beharrung und Wandel zunächst nebeneinander. Was kann man über den Antrieb des Wandels sagen? Durch welche Prozesse entstanden neue Deutungsmuster, und welche Medienakteure, Künstler und Politikerinnen konnten diese in der Öffentlichkeit platzieren?

Mit Blick auf zwei Diskurse, die beide mit der Neubewertung der 1990er-Jahre zusammenhängen, kann man sich diesen

Fragen nähern. Der eine Diskussionsstrang ist mit der Parole *Integriert doch erst einmal uns!* verbunden, der andere mit dem Hashtag *Baseballschlägerjahre*.

Mit *Integriert doch erst mal uns! Eine Streitschrift für den Osten* legte Petra Köpping, damals sächsische Staatsministerin für Gleichstellung und Integration, 2018 ein Buch vor, in dem sie die Folgen der Treuhandpolitik diskutierte und ein Panorama beschädigter ostdeutscher Biografien entwarf. Sie schreibt damit über Menschen, die von 1940 bis 1965 geboren wurden, die in der DDR im Arbeitsleben standen und aus dieser Lebenslage heraus auch den Umbruch zu bewältigen hatten. Viele von ihnen beklagten, dass ihre DDR-Berufsabschlüsse oder ihre betrieblichen Renten nicht in das neue Recht überführt worden sind. Köppings Impuls war von der Straße gekommen. Als sie 2014 ihr Amt angenommen hatte, begannen auch die Dresdner PEGIDA-Demonstrationen, die sich gegen die Integration der Geflüchteten richtet. Köpping redete mit den Leuten, bot ihnen an, in die Sprechstunde zu kommen, und immer hörte sie: »Integriert doch erst einmal uns!«. Später reiste sie auch zu Diskussionsrunden an die alten Industriestandorte des Landes. Und nie versäumte es die Staatsministerin die Botschaft der frustrierten Frauen und Männer gegenüber den sie begleitenden Journalisten auf den Punkt zu bringen: »Integriert doch erst einmal uns!«

Köpping erreicht damit ein breites Medien-Echo, auch überregional. So hieß es in der *Frankfurter Allgemeine Zeitung*: »Die Wunden des Umbruchs. Die Wut, die viele im Osten empfinden und für die Pegida und AfD zum Ventil werden, hat auch mit Kränkungen der Nachwendezeit zu tun. Langsam beginnt die Aufarbeitung«. Ein halbes Jahr später ist ein Beitrag der gleichen Zeitung überschrieben mit »Vom Ende der Sprachlosigkeit. Seit Sachsens Integrationsministerin Petra Köpping über die harte Nachwendezeit spricht, kommen erschütternde Geschichten ans Licht. Diese Aufarbeitung aber passt nicht allen«, während die *Mitteldeutsche Zeitung* noch einmal zwei Monate später titelt: »Das Ende der Sprachlosigkeit. Deutsche

Einheit: Eine couragierte sächsische Ministerin will Debatte über den aufgestauten Frust vieler Ostdeutscher anstoßen. In den Überresten eines ehemals erfolgreichen Porzellanwerkes wird sie mit typischen Wende-Biografien konfrontiert« (Locke 2017b/a, Honnigfort 2017).

Auf diese Weise entstand ein Kontrapunkt zur vorherrschenden Erzählung von der geglückten Wiedervereinigung, der Herstellung der »inneren Einheit« auf dem Wege der Assimilation und Gleichstellung der Ostdeutschen und in gewisser Weise auch eine Alternative zum negativen DDR-Bild. Denn die Berichte bringen zum Ausdruck, in welch hohem Maße in der DDR die Arbeit eine Quelle für Integration, Anerkennung und Stolz gewesen war.

Auch der Themenstrang »Baseballschlägerjahre« widerspricht der Erzählung von der erfolgreichen Wiedervereinigung. Doch hier ist nicht der Verlust der Arbeitswelt die Ursache der Probleme, sondern die anarchisch-rechtsextremistisch geprägte Situation in Ostdeutschland, unter der viele Kinder und Jugendliche zu leiden hatten. Christian Bangel (*1979), Autor bei *Zeit online,* hatte diese Phase rechtsextremistischer Dominanz in Frankfurt/Oder durchlebt und war Mitgründer des Anti-Rechtsextremismus-Blogs *Störungsmelder*. Er rief 2019 angesichts eines Aufsehen erregenden Erfahrungsbericht von Hendrik Bolz den Twitter-Hashtag *#baseballschlaegerjahre* ins Leben und verlieh damit der Diskussion dieser Erfahrungen Vorschub. Eines der Ergebnisse der Debatte ist, dass die Baseballschlägerjahre nicht vorbei sind und ihre Erklärung als Spätwirkung der DDR unwahrscheinlicher wird (Malus 2019).

Das Problem der dominierenden rechtsextremen Jugendkultur wurde schon 2004 mit den Büchern von Peter Richter (*1973) und 2006 von Clemens Meyer (*1977) thematisiert. Diese Publikationen erzielten damals jedoch noch keine nachhaltige Wirkung. Zwischen 2015 und 2017 legten dann Christian Bangel (*1979), Manja Präkels (*1974) und – abermals – Peter Richter, entsprechende Bücher vor. In dieser Zeit kam auch die Verfilmung des gleichnamigen Buches von Clemens

Meyer (*1977) in die Kinos. Neben dieses Werken und den hierzu erschienen Rezensionen, kann man auch den autobiografischen Essay von Daniel Schulz (*1979), Ressortleiter *der tageszeitung*, als Teil dieser Debatte ansehen. Alle Genannten waren in der DDR aufgewachsen und erlebten im Osten den Umbruch.

Im Oktober 2019 veröffentlichte Hendrik Bolz (*1988), Künstlername Testo und Teil des Rap-Duos »Zugezogen Maskulin«, einen Aufsehen erregenden Bericht über die Erfahrungen, die Teile seiner Jahrgänge in der gewalttätigen rechtsextremen Dominanzkultur Ostdeutschlands nach der Wende machten. Bolz verlebte seine Kindheit in Stralsund. Er beschreibt, wie dort und anderswo in Ostdeutschland eine rechtsextreme und durch keine Ordnungsautorität gebremste Gewaltkultur allgegenwärtig war und spricht über die Verletzten, nie mehr Genesenen und Toten. Er zeigt, wie die Kinder von Eltern und Erwachsenen alleine gelassen wurden oder selbst Teil der Szene waren:

> *»Neonazis kenne ich aber ebenfalls nicht nur aus Filmen. Glatze, Bomberjacke, Springerstiefel, ›Heil Hitler!‹, Lonsdale, Alpha, ›Schnauze, du Jude!‹, das war auch in meiner Umgebung die prägende Jugendkultur, das war provokant, hart, das war die Spitze der Coolness. Faschos waren allgegenwärtige Begleiter meiner Kindheit, waren Kassierer im Supermarkt, Erzieher im Ferienlager, große Geschwister von Freunden, die auf dem Schulweg nett winkten, und sie bildeten Gruppen, die vor Haustüren und auf Spielplätzen lungerten und den öffentlichen Raum unangefochten beherrschten. Was ich daraus lernte: Draußen wartet die Gewalt und keiner wird dir helfen. Entweder du passt auf, dass du nicht provozierst, unterwirfst dich, hältst die Fresse, ziehst dich unauffällig an – oder du musst eben der Stärkere sein, um der doppelten Demütigung, einmal durch das Erleiden der Gewalt und durch das anschließende ›Na ja, du bist aber auch selber schuld…‹ zu entgehen. Also pass dich an, halt dich fit, sei stark und gehe möglichst nicht*

alleine raus! Tja, und wer setzte diese Glaubenssätze denn nun besser um als die großen kräftigen Jungs in den Bomberjacken? Unsere Haare konnten jetzt auch nicht mehr kurz genug sein und ich wollte mir ab sofort gar nichts mehr gefallen lassen, was mich in der Klasse in eine Tyrannenposition und meine Eltern zu mehreren ›So wird es bald auf dem Gymnasium aber nichts werden›-Lehrergesprächen führte. [...] Zehn Jahre durchzogen von Anpassung und Ablehnung, an deren Ende die klassische Frage ›Gehen oder Bleiben?‹ stand und ich, wie unendlich viele vor und nach mir, in den Westen gezogen bin. Meine Grundschule, meinen Kindergarten, meinen Hort und auch mein erstes Gymnasium gab es da schon lange nicht mehr.“ (Bolz 2019a)

Der Umgang mit dem Erfahrungsbericht von Hendrik Bolz ist vielsagend für die Frage, wie die Impulse junger Menschen aus Ostdeutschland die gesellschaftliche Selbsterzählung des vereinigten Deutschlands sowie deren Darstellung der Ostdeutschen und Ostdeutschland beeinflussen. Zum 30. Jahrestag der Maueröffnung, am 9.11.2019, erschien im *Tagespiegel* ein Interview mit Bolz und am Morgen des gleichen Tages strahlte der *Deutschlandfunk* ein ungewöhnlich ausführliches Live-Interview mit ihm aus. Im *Tagesspiegel* gibt Bolz zu seinen Erfahrungen zu Protokoll:

»Viele, vor allem Westdeutsche, wissen ja gar nicht, was die deutsche Einheit im Osten bedeutet hat: Strukturwandel, Arbeitslosigkeit, der Zusammenbruch von allem, was man kannte. [...] Regelmäßig gab es ostdeutschlandweit rechte Übergriffe. Aber das ist weder im ostdeutschen noch im gesamtdeutschen Bewusstsein angekommen. Das ist so ein verdrängtes Trauma, das endlich aufgearbeitet werden muss.« (Bolz 2019b)

Anders als im Text aus dem *freitag*, äußert sich Bolz nun zu den Ursachen der Situation:

»Ich bin gerade erst dabei, mir diese Themen zu erarbeiten. Als die Mauer fiel, war ich ja noch ein Kleinkind. Während meiner Kindheit und Jugend wurde nicht über die DDR und die Zeit damals gesprochen. Das hatte zur Folge, dass ich eher mit der westdeutschen Geschichte aufgewachsen bin und mehr über die RAF wusste als über das SED-Regime [... und] dass meine Identität eigentlich auf einem großen Schweigen fußt. Und ich glaube, das geht vielen so, die in Ostdeutschland aufgewachsen sind.« (ebd.)

Dann fragt die Interviewerin nach der DDR: »Hat das noch viel mit der DDR-Zeit zu tun? Da wurden ja ausländerfeindliche Attacken auch vertuscht.«

»Ja. Natürlich hat das auch etwas mit der Globalisierung und Neoliberalismus zu tun – Nationalismus, der Rechtsruck, das sind nicht nur deutsche Probleme. Aber es hat auch viel mit DDR-Traditionen, totalitären Tradierungen zu tun, die an die Folgegeneration weitergegeben wurden. Die DDR war ja auch, obwohl sie natürlich offiziell antifaschistisch war und es keine Ausländerfeindlichkeit gab, eine abgeschlossene weiße Gesellschaft, wo die Vertragsarbeiter in Mietskasernen gewohnt haben. Und wenn sie schwanger geworden sind, wurden sie nach Hause geschickt. Das war alles andere als eine bunte, multikulturelle Gesellschaft.« (Ebd.)

Im Deutschlandfunk-Interview vertieft Bolz die kurz zuvor im *Tagesspiegel* entwickelten Gedanken, nämlich dass

»in Ostdeutschland eben ganz viel verdrängt wird, da herrscht ganz viel Schweigen, also das geht schon los mit dem DDR-Terror, und auch in der DDR, die war ja eigentlich auf Verdrängung gebaut, auf Verdrängung des Erbes des Nationalsozialismus und des eigene Eingesponnenseins, dann aber auch die Wendejahre, die Wendezeit und eben auch die 90er-Jahre, wo es sich auch gerade jetzt erst, wo

jetzt so viel Bewegung ist, so viel drüber gesprochen wird, aber diese Berichte gibt es ja eigentlich schon ewig lange, [...] aber das wurde dann immer nur so als Einzelstimme begriffen als jemand der von seinem persönlichen Erlebnissen berichtet.« (Bolz 2019c)

Daraufhin fragt ihn der Interviewer: »Und wenn Sie Aufarbeitung meinen, meinen Sie die Nachwendejahre, die Zeit der Treuhand, die Zeiten, als die ›Wessis‹ kamen und über den Osten herfielen, so wird das ja häufig beschrieben, gerade aus der Ostperspektive?«

»Nicht nur. Also die Nachwendejahre auf jeden Fall, weil das eben viel Schmerzhaftes auch beinhaltete und weil das ebenso verdrängte Traumata sind und über die irgendwie nicht gesprochen wird, also die ganzen Biografie-Abbrüche, aber auch die Trauer über das dann doch irgendwie verlorene System an das man doch teilweise irgendwie dran geglaubt hat und selber erst dann realisiert: »Ach du Scheiße, da haben wir irgendwie so dran mitgearbeitet, und dann, dann ist da so was draus geworden, und jetzt haben wir es ganz verloren.« Ich meine auch vielen Bürgerrechtlern ging es ja auch nicht in erster Linie um 'ne Wiedervereinigung, sondern auch um eine Liberalisierung erst mal der DDR und ob man da nicht was anderes noch mit machen könnte, ne bessre DDR. Und dass ganz, ganz viel einfach mit weggewischt worden, und was dann irgendwie so unbesprochen blieb. Ich meine aber auch nicht nur die Nachwendejahre, sondern ich meine auch die DDR-Jahre, da geht's dann nämlich weiter, die ganzen Prägungen, die vierzig Jahre totalitärer Staat auch hinterlassen haben in den Menschen während es irgendwie in Westdeutschland mit den 68ern irgendwie eine ganz anders gerichtete Historie dann gab, wo dann geschaut wurde, okay, jetzt räumen wir mal auf und jetzt überlegen wir zukünftig wie wir das gestalten wollen, das fehlt halt in Ostdeutschland...« (Bolz 2019c)

Wie es scheint, kann bei der Schilderung des Gruppenschicksals präzise und tiefgehend aus der Quelle individueller Erfahrung geschöpft werden. Bei der Einordnung des Erfahrenen jedoch kann nur auf das Schulbuchwissen, auf die in das vereinigte Deutschland verlängerte Selbsterzählung der alten Bundesrepublik zurückgegriffen werden, und die erzählt die Geschichte von der »der totalitären DDR«. Deren »totalitäre Prägungen« setzt Bolz in Gegensatz zum Narrativ der »68er Umgründung« der alten Bundesrepublik. Die Tatsache, dass die »deformierten Ostdeutschen« es 1989 zu einer friedlichen Revolution gebracht hatten, verschwindet in der Lücke zwischen den Erzählungen von »der zweiten deutschen Diktatur« und den wie auch immer bewerteten tiefen Umbrüchen der 1990er-Jahre, seien sie nun als glückliche Wiedervereinigung und prosperierender *Aufbau Ost* oder als »Baseballschlägerjahre« beschrieben. Die Journalistin Andrea Hanna Hünniger, die 1984 in Weimar geboren wurde und ihre Kindheit und Jugend dort verlebte, schrieb in ihrem autobiografischen Buch:

> *»Der Fall der Mauer war für uns schon Teil einer unbekannten Vergangenheit. Eine Erinnerung von anderen. Die DDR ist eine Erinnerung von anderen und so weit ich zurückdenken kann, haben uns Eltern und Lehrer und auch der Mann von der Fahrschule und sogar der Bäcker, alle haben von dieser DDR gesprochen, von einer besseren DDR, von einer, wie sie hätte sein können, wie sie aber bestimmt nicht war. Aber weil im Fernsehen keiner behauptet, die DDR sei ein besseres Land gewesen, misstrauen wir sogar diesen, unseren Eltern.« (Hünniger 2011, 62)*

Zusammenfassend kann gesagt werden, dass das Bild von den Ostdeutschen, die Darstellung ihres Verhaltens in der Transformation und in der DDR in den 2010er-Jahren von ostdeutschen Akteuren geändert worden ist. Die neuen Impulse, die von Künstlern, Schriftstellerinnen, Journalisten,

Regisseurinnen, Drehbuchautoren und Politikerinnen kamen, wurden in den 2010er-Jahren dann auch von den Medien nicht mehr abgewehrt, sondern verstärkt. Dabei sind wiederum generationsspezifische Wirklichkeitskonstruktionen entstanden.

Petra Köpping gehört von ihrem Jahrgang und ihrem Werdegang her dem sozialistisch orientierten Teil der »integrierten Generation« in der DDR an (Ahbe/Gries 2006). Sie ist eine der wenigen, die es in die Elite des vereinigten Deutschlands geschafft hat und zugleich noch die Belange der einstigen DDR-Bürger jenseits der Diktatur-Aufarbeitung zum Thema macht. Die von ihr angestoßene Debatte widerspricht nicht nur den Wahrnehmungen in den 1990er-Jahren, sondern rehabilitierte auch Momente der DDR.

Die ab Mitte der 1970er-Jahre geborenen ostdeutschen Akteure, unter anderem auch die Protagonisten der Debatte um die »Baseballschlägerjahre«, lehnen nicht das einseitige Bild von der DDR ab, eben weil sie diese Darstellung nicht mehr betrifft. Sie haben ein sicheres Bild von dem Land, in dem sie Kindheit und Jugend meist problemlos verbrachten. Während sie die für sie belastenden 1990er-Jahre thematisieren, korrigieren sie die dominierende Erzählung von der geglückten Transformation Ostdeutschlands nach 1990.

Ostdeutsche, die noch jünger sind und ohne jegliche DDR-Erfahrung, müssen, wenn sie ihre 1990er-Jahre-Traumata in einen größeren Kontext bringen wollen, auf die heute vorliegenden volkspädagogischen Angebote zurückgreifen. Dabei stoßen sie auf das vorherrschende Bild, dass die DDR ein totalitäres Regime war, das die Aufarbeitung des Nationalsozialismus verdrängt hat.

Ganz neue Akzente in der gesellschaftlichen Selbsterzählung des vereinigten Deutschlands konnte man auch in der Rede des Bundespräsidenten Frank-Walter Steinmeier beim Festakt »30 Jahre Friedliche Revolution« am 9. Oktober 2019 in Leipzig erkennen. Steinmeier gedenkt der Opfer von »Willkür und Unterdrückung« (Steinmeier 2019, 3) und fasst dann die negativen und positiven Facetten der DDR in einer einzigen rhetorischen Figur zusammen. Das ist für die Rede eine Bundespräsidenten ein Novum:

> *»Dieses wiedervereinte Deutschland, es ist geprägt durch viele Impulse aus dem Osten – gute Impulse, ein Antrieb zur Erneuerung. Ja, das SED-Regime hat eine Diktatur errichtet, die fortgesetzt Angst und Gewalt in die Gesellschaft trug. Und doch gab es auch Impulse aus einer mitmenschlichen Realität Ostdeutschlands, wenn ich das so sagen darf, die in manchem widerständig und eigenwillig, durchaus modern war. Ich denke an die selbstbewusste Rolle der Frauen, an eine soziale Infrastruktur von Kinderbetreuung, an ärztliche Versorgungskonzepte, die heute teilweise wiederentdeckt werden. Und, ja, es ist gewiss kein Zufall, dass es insbesondere ostdeutsche Frauen sind, die das wiedervereinte Deutschland an oberster Stelle geprägt und verändert haben.« (Ebd. 5)*

Doch nicht nur die DDR erscheint in Steinmeiers Rede in einem neuen Licht. Auch die bundesdeutsche politische Gestaltung der Transformation des Ostens zeigt er in ihren Fehlern und Folgen:

> *»Gewiss ist aber: Im Osten Deutschlands traf der Umbruch die Menschen ungleich härter als im Westen. Er traf jede einzelne Familie. Betriebe wurden stillgelegt, Millionen Menschen verloren ihre Arbeit, mussten mindestens umschulen. Eltern bangten, wie sie künftig für ihre Familien sorgen sollten. Und gerade die Jungen sahen oft keine Perspektive und gingen in den Westen. Dieser Aderlass von damals, insbesondere der 1990er-Jahre, hat tiefe Spuren hinterlassen. In manchen Orten fehlt fast eine ganze Generation. Oft höre ich Geschichten von Entwurzelung, von zerbrochenen Gewissheiten. Heute wissen wir – wie sollte es auch anders sein –, dass natürlich nicht alles*

alternativlos war, was damals geschah: von Betriebsabwicklungen bis zur Verfassungsfrage. Dass wissentlich und – wahrscheinlich mehr noch – unwissentlich Fehler gemacht wurden. Über die müssen wir reden. Wir müssen sie, wo möglich, auch korrigieren. Das ist Aufgabe von Politik.« (Ebd.)

Das Staatsoberhaupt bestreitet auch nicht, dass sich Ostdeutsche als »Bürger zweiter Klasse« fühlten oder fühlen. Sie werden deswegen nicht mehr der Undankbarkeit oder der Maßlosigkeit beschuldigt, stattdessen wird das Problem an das gesamt deutsche »Wir« adressiert: »Wenn einzelne das so empfinden, dürfen wir uns nicht damit abfinden.« (Ebd. 8) Zudem fällt auf, dass die Rede das in den 1990er-Jahren immer wieder erhobene Gebot zur Anpassung an die westdeutsche Mehrheitskultur fallen lässt:

»Ostdeutschland ist ein besonderer Raum, mit besonderen Erfahrungen [...] und aus diesen besonderen Erfahrungen ist, gerade bei den Jungen, ein neues ostdeutsches Selbstbewusstsein entstanden. Ein Bewusstsein, das um die Unterschiede weiß, sie aber nicht ausschließlich als Mangel wahrnimmt. Recht haben sie. Diese kulturellen, lebensbiografischen Besonderheiten – sie sind eben nichts, was man nur möglichst schnell hinter sich lassen musste, um dazuzugehören, wie viele Ostdeutsche in den 1990er-Jahren glaubten.« (Ebd. 6)

In seiner historischen Leipziger Rede von 2019 greift der Bundespräsident drei Deutungsmuster an, die 15 bis 20 Jahre nach der Vereinigung uneingeschränkt galten: Erstens, dass es keine wesentlichen positiven Seiten an der DDR gegeben habe, zweitens dass die Transformation Ostdeutschlands ein vollkommen glücklich und erfolgreich verlaufener Prozess gewesen sei und drittens, dass die Ostdeutschen schnell und vollständig wie die Westdeutschen werden könnten oder sollten und die Rede von der besonderen ostdeutschen Teilkultur eine den Fortschritt im Osten hemmende Illusion sei.

Steinmeier reagiert in guter demokratischer Tradition auf Veränderungen in der politischen Kultur der ostdeutschen Teilgesellschaft. Zum einen ist es die Tatsache, dass Ostdeutschland nun mit den seit der Mitte der 1970er-Jahre geborenen Künstlern, Journalistinnen und Schriftstellern wieder eine eigene Sprache gefunden hat. Zum anderen, weil der Rechtspopulismus, der in vielen westeuropäischen Ländern und auch in den alten Bundesländern Raum gegriffen hat, in Ostdeutschland noch einen besonderen Akzent und eine besondere Kraftquelle hat. Der Bürgerrechtler und Mitbegründer des *Neuen Forum*, Klaus Wolfram äußerte nach einer heftigen Kontroverse zwischen westdeutschen und ostdeutschen Mitgliedern der Akademie der Künste:

> *»Ich sehe diese engstirnigen AfD-Wählerei im Osten als eine Widerstandshandlung, die sich auch aus den West-Ost-Verhärtungen nach 1989 erklärt. Die ostdeutschen Zuhörer wie Volker Braun, Katja Lange-Müller, Kathrin Schmidt und Thomas Rosenlöcher haben sich übrigens spontan um mich versammelt. Volker Braun hat mich in einer Rede später sogar noch verteidigt. Hinterher haben mir viele gesagt: So kontrovers und zur Sache sei dort seit Jahren nicht diskutiert worden. Als ich fragte, worüber man denn reden würde, hieß es: jedenfalls nicht miteinander! Dieselbe Trennung, die sich im Land findet, findet man offenbar auch an der Akademie.«* (Wolfram 2020, 16)

Schluss

Nach der Friedlichen Revolution hatte Ostdeutschland keine Gelegenheit mehr, in Eigenregie eine Deutung zu den Realitäten und zum Scheitern der DDR zu entwickeln. Dieser Prozess der demokratischen Selbsthinterfragung blieb aus und die damit verbundene Reifungschance der Gesellschaft ebenfalls. Der ostdeutschen Gesellschaft wurde stattdessen erneut, wie schon in den Jahren nach 1945, eine neue, bereits vorliegende gesellschaftliche Selbsterzählung übergestülpt. Natürlich war der Beitrittsprozess demokratisch legitimiert und das vereinigte Deutschland anders als die Sowjetische Besatzungszone und die DDR eine Demokratie – dennoch wirkte die Einsetzung des bundesdeutschen Selbstverständnisses im Osten wie eine Überwältigung.

Mit dem schon ein Jahr nach der friedlichen Revolution vorgenommenen Beitritt der DDR zur Bundesrepublik zog in Ostdeutschland nicht nur das institutionelle und wirtschaftliche System der BRD ein, sondern auch die bundesdeutsche mediale und bildungspolitische Infrastruktur samt ihrer Themen und Deutungsmuster. Nun herrschte hier das aus dem Kalten Krieg stammende Geschichtsbild der Bundesrepublik inklusive dessen DDR-Darstellung. In den 1990er-Jahren breiteten sich rasch Erzählmuster von der »totalitären DDR« aus, deren Bewohner zwischen »tristen Plattenbauten« in einer »Mangelgesellschaft« lebten und »psychologisch deformierte« autoritäre Kleinbürger seien. Das entsprach den Vorstellungen und Werten des Publikums in den alten Bundesländern und auch eines Teils der Wortführer aus der ostdeutschen Opposition.

Der größte Teil der Ostdeutschen lehnte diese in den Medien, der Politik, in Forschung und Bildung dominierende Darstellung des Ostens und der Ostdeutschen jedoch ab. Sie sahen sich durch die gesellschaftliche Selbsterzählung der alten Bundesrepublik nicht integriert, wobei verschiedene Gruppen von Ostdeutschen sich an unterschiedlichen Deutungsmustern stießen: Der Erzählung von der demokratischen und antinazistischen Bundesrepublik, vom zum Scheitern verurteilten »Unrechtsregime« DDR und von den ohnehin vergeblichen Versuchen, in der DDR ein anständiges und erfülltes Leben zu führen. Andere störte vor allem die Erzählung vom tränenreichen Glück der Wiedervereinigung, vom wirtschaftswundergleichen *Aufbau Ost,* von den »Blühenden Landschaften« und der »Inneren Einheit«. Viele dieser Narrative schlugen in Ostdeutschland keine Wurzeln. Die Konstellation »Ihr redet in den Medien und in der Politik über uns – aber ›wir‹[9] lesen Euch nicht und hören Euch nicht zu« besteht zum Teil bis heute. (Mükke 2021, 27f.)

Betrachtet man die Erzählung Ostdeutschlands und der Ostdeutschen als Ganzes und sucht man nach Umschwüngen, so wird deutlich, dass sich in den Medien dann neue Sichtweisen etablieren, wenn dort neue Generationen nachrücken und ältere ausscheiden. Argumente, die für das alte Machtgefüge noch nicht reif sind, können sich erst nach solchen Generationswechseln durchsetzen. Und umgekehrt werden nach dem Wechsel einst ehrwürdige »Wahrheiten« der Lächerlichkeit preisgegeben.

Insgesamt ist nach 30 Jahren der Erzählung von Ostdeutschland und den Ostdeutschen ein differenzierteres Bild entstanden. In den ersten 15 Jahren galt der Deutungsrahmen der altbundesdeutschen Selbsterzählung auch im vereinigten Deutschland weiter. Die Erfahrungen und Wertvorstellungen der mittleren DDR-Jahrgänge fanden darin keinen Platz. Mit Mitte der 2010er traten dann Menschen auf den Plan, die in den 1970er-Jahren in der DDR geboren wurden und im vereinigten Deutschland nun in Medien und Kultur

9 Zu kohortenbezogenen Aussagen, ob man sich schon »als richtiger Bundesbürger fühlt« oder andere Identifikationen hat: Sozialwissenschaftliches Forschungszentrum 2014, S. 36.

bei der Beschreibung Ostdeutschlands neue Akzente setzten. Sie revidierten die Erzählungen zum erfolgreichen *Aufbau Ost*. Noch jüngere ostdeutsche Autorinnen und Autoren verbinden diese Revision jedoch mit der Wiederaufnahme des totalitarismustheoretischen Deutungsmusters bei der Beschreibung der DDR, die sie nicht mehr erlebt haben. Für die Zukunft könnte sich also eine Mischung zwischen neuen ostdeutschen Erfahrungen und alten bundesdeutschen Deutungen ergeben.

Literatur

Ahbe, Thomas (2016): Ostalgie. Zu ostdeutschen Erfahrungen und Reaktionen nach dem Umbruch, Erfurt

Ahbe, Thomas; Hofmann, Michael; Stiehler, Volker (Hg.) (2014): Redefreiheit. Öffentliche Debatten der Leipziger Bevölkerung im Oktober und November 1989 – Problemwahrnehmungen und Lösungsvorstellungen aus der Mitte der Gesellschaft, Leipzig

Ahbe, Thomas; Gries, Rainer; Schmale, Wolfgang (Hg.) (2009): Die Ostdeutschen in den Medien. Das Bild von den Anderen nach 1990. Leipzig

Ahbe, Thomas; Gries, Rainer (2006): Gesellschaftsgeschichte als Generationengeschichte. Theoretische und methodische Grundlegung am Beispiel der DDR, in: Schüle, Annegret; Ahbe, Thomas; Gries, Rainer (Hg.): Die DDR aus generationengeschichtlicher Perspektive. Eine Inventur, Leipzig, 475–571

Ahbe, Thomas (2004): Die Konstruktion der Ostdeutschen. Diskursive Spannungen, Stereotype und Identitäten seit 1989, in: Aus Politik und Zeitgeschichte, 54, H. 41–42, 12–22

Arzheimer, Kai (2006): Von »Westalgie« und »Zonenkindern« – Die Rolle der jungen Generation im Prozess der Vereinigung, in: Falter, Jürgen W.; Gabriel, Oscar W.; Rattinger, Hans; Schoen, Harald (Hg.): Sind wir ein Volk? Ost- und Westdeutschland im Vergleich. München, 212–240

Bangel, Christian (2017): Oder Florida, München

Baring, Arnulf (1991): Deutschland, was nun? Ein Gespräch mit Dirk Rumberg und Wolf Jobst Siedler, Berlin

Berg, Nicolas (2003): Der Holocaust und die westdeutschen Historiker. Erforschung und Erinnerung, Göttingen

Bolz, Hendrik (2019a): »Gewalt konnte jederzeit hereinbrechen.« Hendrik Bolz wohnte bis zum 15. Lebensjahr im Plattenbauviertel. »Sieg Heil«-Rufe vom Spielplatz wiegten ihn in den Schlaf, in: der freitag 41/10.10., 22

Bolz, Hendrik (2019b): Die Baseballschlägerjahre in Ostdeutschland – »Es war normal, dass Naziparolen gerufen wurden.« Hendrik Bolz ist Teil des Rap-Duos »Zugezogen Maskulin«. Im Interview mit Jana Weiss spricht er über Rechtsextreme, den Osten und deutschen Hip-Hop, in: Der Tagesspiegel, 09.11. (online)

Bolz, Hendrik (2019c): Hendrik Bolz im Gespräch mit Philipp May. Deutschlandfunk, 09.11., 8.10 bis 8.23 Uhr. (Transkript: Thomas Ahbe)

Büssow, Robert; Kretzschmar, Constanze; Lohse, Stefan; Neupert, Maike (2010): Zeitungen und Zeitschriften in Ostdeutschland, in: Machill, Marcel; Beiler, Markus; Gerstner, Johannes R. (Hg.) (2010): Medienfreiheit nach der Wende. Entwicklung von Medienlandschaft, Medienpolitik und Journalismus in Ostdeutschland, Konstanz, 125–188

Danyel, Jürgen (1995): Die Opfer- und Verfolgtenperspektive als Gründungskonsens? Zum Umgang mit der Widerstandstradition und der Schuldfrage in der DDR, in: Danyel Jürgen (Hg.): Die geteilte Vergangenheit. Zum Umgang mit Nationalsozialismus und Widerstand in den beiden deutschen Staaten, Berlin, 31–46

Dietrich, Stefan (1999): In der Löwengrube, in Frankfurter Allgemeine Zeitung, 12.03., 5

Eisenmann, Peter (1991): Die Jugend in den neuen Bundesländern. Sozialistische Bewusstseinsbildung und ihre Folgen, in: Aus Politik und Zeitgeschichte, B 27, 1991, S. 3–10

Erdmann, Karl Dietrich (1959): Handbuch der deutschen Geschichte, Bd. 4., Die Zeit der Weltkriege, (8., völlig neu bearb. Aufl.)

»Für unser Land« – Aufruf vom 26. November 1989, in: http://www.chronik-der-mauer.de/material/178900/aufruf-fuer-unser-land-neues-deutschland-26-november-1989

Fukuyama, Francis (1992): Das Ende der Geschichte. Wo stehen wir?, München

Gensicke, Thomas (1998): Die neuen Bundesbürger. Eine Transformation ohne Integration, Opladen

Gibas, Monika (2000): »Auferstanden aus Ruinen und der Zukunft zugewandt« Politische Feier- und Gedenktage der DDR, in: Behrenbeck, Sabine; Nützenadel, Alexander (Hg.): Inszenierungen des Nationalstaats. Politische Feiern in Italien und Deutschland seit 1860/71, Köln, 191–220

Gibas, Monika (2004): »Bonner Ultras«, »Kriegstreiber« und »Schlotbarone«. Die Bundesrepublik als Feindbild der DDR in den fünfziger Jahren, in: Satjukow, Silke; Gries, Rainer (Hg.): Unsere Feinde. Konstruktionen des Anderen im Sozialismus, Leipzig, 75–106

Groehler, Olaf (1995): Der verordnete Antifaschismus. Die Rezeption des thüringischen kommunistischen Widerstands in der DDR, in: Heiden, Detlev; Mai, Gunther (Hg.): Nationalsozialismus in Thüringen, Weimar, Köln, Wien, 531–551

Heß, Pamela (2014): Geschichte als Politikum. Öffentliche und private Kontroversen um die Deutung der Vergangenheit, Baden-Baden

Hodenberg, Christina von (2020): Zur Generation der 45er. Stärken und Schwächen eines Deutungsmusters, in: Aus Politik und Zeitgeschichte 70, H. 4-5, 4-9

Hodenberg, Christina von (2006): Konsens und Krise. Eine Geschichte der westdeutschen Medienöffentlichkeit 1945–1973, Göttingen

Holtmann, Everhard; Köhler, Anne (2015): Wiedervereinigung vor dem Mauerfall. Einstellungen der Bevölkerung der DDR im Spiegel geheimer westlicher Meinungsumfragen, Frankfurt/M.

Honnigfort, Bernhard (2017), Das Ende der Sprachlosigkeit. Deutsche Einheit – Eine couragierte sächsische Ministerin will Debatte über den aufgestauten Frust vieler Ostdeutscher anstoßen. In den Überresten eines ehemals erfolgreichen Porzellanwerkes wird sie mit typischen Wende-Biografien konfrontiert, in: Mitteldeutsche Zeitung, 28.06., 3

Hünniger, Andrea Hanna (2011): Das Paradies. Meine Jugend nach der Mauer, Stuttgart

Jessen, Ralph (2007): Vom Scheitern sozialistischer Sinnstiftung. Sigrid Meuschels Studie zu den Legitimitätsansprüchen des SED-Regimes, in: Danyel, Jürgen; Kirsch, Jan-Holger; Sabrow, Martin (Hg.): 50 Klassiker der Zeitgeschichte, Göttingen, 226–229

Institut für Demoskopie Allensbach (1951): Die Stimmung im Bundesgebiet August 1951, Allensbach, S. 5. (zit. nach: Tuchel, Johannes: Zwischen Diffamierung und Anerkennung: Zum Umgang mit dem 20. Juli 1944 in der frühen Bundesrepublik. In: Aus Politik und Zeitgeschichte 2014/27 (20.06.) (online))

Knütter, Hans-Helmuth (1988): Der Totalitarismus in der schulischen und außerschulischen Politischen Bildung, in: Löw, Konrad (Hg.): Totalitarismus, Berlin, 28–43

Köhnke, Klaus Christian (1992): Kein Grund zur Freude (origin. 1990), in: Rammstedt, Otthein; Schmidt, Gert (Hg.): BRD ade! Vierzig Jahre in Rück-Ansichten, Frankfurt/M., 267–271

Köpping, Petra (2018): Integriert doch erst mal uns! Eine Streitschrift für den Osten, Berlin

Kowalczuk, Ilko-Sascha (2019): Die Übernahme. Wie Ostdeutschland Teil der Bundesrepublik wurde, München

Kowalczuk, Ilko-Sascha (2016): »Schulte et al. haben nicht nur den Finger in die Wunde gelegt, sie sind auch Ausdruck derselben.« Ein Gespräch über den ›Schäferhund-Hoax‹ mit dem Historiker Ilko-Sascha Kowalczuk, in: sub\urban. zeitschrift für kritische stadtforschung 4, H. 2/3, 155–160

Locke, Stefan (2017a): Vom Ende der Sprachlosigkeit. Seit Sachsens Integrationsministerin Petra Köpping über die harte Nachwendezeit spricht, kommen erschütternde Geschichten ans Licht. Diese Aufarbeitung aber passt nicht allen. In: Frankfurter Allgemeine Zeitung, 05.08. (online)

Locke, Stefan (2017b): Die Wunden des Umbruchs. Die Wut, die viele im Osten empfinden und für die Pegida und AfD zum Ventil werden, hat auch mit Kränkungen der Nachwendezeit zu tun. Langsam beginnt die Aufarbeitung, in: Frankfurter Allgemeine Zeitung, 06.01., 3

Lohre, Matthias (2007): Der Gestrige, in: die tageszeitung, 27.01., 5

Longerich, Peter (2022): Antisemitismus. Eine deutsche Geschichte von der Aufklärung bis heute, Bonn

Maaz, Hans-Joachim (1991): Das gestürzte Volk oder die verunglückte Einheit, Berlin

Maaz, Hans-Joachim (1990): Der Gefühlsstau. Ein Psychogramm der DDR, Berlin

Machill, Marcel; Beiler, Markus; Gerstner, Johannes R. (2010): Bestandsaufnahme von Medienlandschaft, Medienpolitik und Journalismus in Ostdeutschland nach der Wende, in: Machill, Marcel; Beiler, Markus; Gerstner, Johannes R. (Hg.): Medienfreiheit nach der Wende. Entwicklung von Medienlandschaft, Medienpolitik und Journalismus in Ostdeutschland, Konstanz, 9-54

Mählert, Ulrich (2016): Totgesagte leben länger. Oder: Konjunkturen der DDR-Forschung vor und nach 1989. Eine Einführung, in: Mählert, Ulrich (Hg.): Die DDR als Chance. Neue Perspektiven auf ein altes Thema, Berlin, 9-21

Malus (=User-Name) (2019): Die #baseballschlägerjahre sind nicht vorbei. Die Zeit in welcher Neonazis mit Baseballschlägern Jagd auf Menschen machen sind nicht vorbei. Berichte aus dem Sachsen der letzten zehn Jahre, in: der freitag, Community, 15.11.

Meyer, Clemens (2006): Als wir träumten, Frankfurt/M.

Mitter, Armin; Wolle, Stefan (1993): Untergang auf Raten. Unbekannte Kapitel der DDR-Geschichte, München

Mükke, Lutz (2021): 30 Jahre staatliche Einheit – 30 Jahre mediale Spaltung. Schreiben Medien die Teilung Deutschlands fest? OBS-Arbeitspapier. Otto-Brenner-Stiftung, Bd. 45, Frankfurt/M.

Niermann, Johannes (1991): »Identitätsfindung von Jugendlichen in den neuen Bundesländern« im Rahmen der Anhörung im Ausschuss für Frauen und Jugend des Deutschen Bundestages am 18. September 1991, zit. nach Kowalczuk 2019, 99f.

Nolte, Paul (2000): Die Ordnung der deutschen Gesellschaft. Selbstentwurf und Selbstbeschreibung im 20. Jahrhundert, München

Pfeiffer, Christian (1999): Anleitung zum Hass, in: Der Spiegel H. 12, 60–66

Präkels, Manja (2017): Als ich mit Hitler Schnapskirschen aß, Berlin

Rennefanz, Sabine (2011): Uwe Mundlos und ich. Der Thüringer Neonazi war 16, als die DDR unterging. Genauso alt wie unsere Autorin. Eine Betrachtung über die Generation der Nachwendekinder und die neue Mauer in der Gesellschaft, in: Berliner Zeitung, 31.12. (online)

Richter, Peter (2015): 89/90, München

Richter, Peter (2004): Blühende Landschaften, München

Rößler, Ruth-Kristin (1994): Die Entnazifizierungspolitik der KPD, SED 1945–1948. Dokumente und Materialien, Goldbach

Roth, Kersten Sven; Wienen, Markus (Hg.) (2008): Diskursmauern. Aktuelle Aspekte der sprachlichen Verhältnisse zwischen Ost und West, Bremen

Schönbach, Ulli (2010): Das Werteklima in den neuen Bundesländern. Werte und Einstellungsmuster in den Kommentaren ostdeutscher Tageszeitungen 1991–2000, in: Mükke, Michael; Haller, Lutz (Hg.) (2010): Wie die Medien zur Freiheit kamen. Zum Wandel der ostdeutschen Medienlandschaft seit dem Untergang der DDR, Köln, 40–59

Schulz, Daniel (2018): Wir waren wie Brüder, in: die tageszeitung, 01.10. (online)

Sozialwissenschaftliches Forschungszentrum Berlin-Brandenburg e. V. (2014): Sozialreport 2014. Daten und Fakten zur sozialen Lage – 1990 bis 2014 – Positionen der Bürgerinnen und Bürger. Studie des Sozialwissenschaftlichen Forschungszentrums Berlin-Brandenburg e. V. im Auftrag der Rosa-Luxemburg-Stiftung, Berlin

Steinmeier, Frank-Walter (2019): Bundespräsident Frank-Walter Steinmeier beim Festakt zu »30 Jahre Friedliche Revolution« am 9. Oktober 2019 in Leipzig

Stern, Frank (1993): »Ein freundlich aufgenähter Davidstern«: Antisemitismus und Philosemitismus in der politischen Kultur der 50er Jahre, in: Schildt, Axel; Sywottek, Arnold (Hg.): Modernisierung im Wiederaufbau, Bonn, 717–732

Tröger, Mandy (2019): Pressefrühling und Profit. Wie westdeutsche Verlage 1989/1990 den Osten eroberten, Köln

Tuchel, Johannes (2014): Zwischen Diffamierung und Anerkennung: Zum Umgang mit dem 20. Juli 1944 in der frühen Bundesrepublik. In: Aus Politik und Zeitgeschichte 2014/27 (20.06.) (online)

Wagner, Wolf (1999): Kulturschock Deutschland. Der zweite Blick. Hamburg

Wagner, Wolf (1996): Kulturschock Deutschland. Hamburg

Weidenfeld, Werner; Korte, Karl Rudolf (1991): Die pragmatischen Deutschen. Zum Staats- und Nationalbewusstsein in Deutschland, in: Aus Politik und Zeitgeschichte, B 32, S. 3–12

Wolfram, Klaus (2020): »Die Revolution haben alle gemacht.« Waren es gar nicht nur die Bürgerrechtler, die den Mauerfall herbeiführten? Ein Gespräch mit dem DDR-Oppositionellen Klaus Wolfram über 1989, seine Freundin Bärbel Bohley – und die Mitschuld des Westens am Rechtsruck im Osten, in: Die Zeit 19, 29.04., 16–17

Wolfrum, Edgar (1999): Geschichtspolitik in der Bundesrepublik Deutschland. Der Weg zur bundesrepublikanischen Erinnerung 1948–1990, Darmstadt